그래도 삶은 계속된다

The Wisdom of the Native Americans
by Kent Nerburn
Copyright ⓒ1999 Kent Nerburn

This original edition was published in English by New World Library, USA.
Korean translation copyright ⓒ 2010 by GOD'SWIN Publishers, Inc.
This Korean edition was published by arrangement with New World Library
through Best Literary & Rights Agency, Korea..
All rights reserved.

이 책의 한국어판 저작권은 베스트에이전시를 통한 New World Library 사와의
독점계약으로 고즈윈(주)가 소유합니다. 저작권법에 의하여 한국 내에서 보호를 받는
저작물이므로 무단전재와 복제를 금합니다.

그래도 삶은 계속된다

켄트 너번 | 김 성 옮김

고주원
God's Win

고즈원은 좋은책을 읽는 독자를 섬깁니다.
당신을 닮은 좋은책—고즈원

그래도 삶은 계속된다
켄트 너번 | 김성 옮김

1판 1쇄 인쇄 | 2010. 5. 13.
1판 1쇄 발행 | 2010. 5. 20.

발행처 | 고즈원
발행인 | 고세규
신고번호 | 제313-2004-00095호
신고일자 | 2004. 4. 21.
(121-819) 서울특별시 마포구 동교동 200-19번지 202호
전화 02)325-5676 팩시밀리 02)333-5980
홈페이지 www.godswin.com

값은 표지에 있습니다.
ISBN 978-89-92975-36-0

고즈원은 항상 책을 읽는 독자의 기쁨을 생각합니다.
고즈원은 좋은책이 독자에게 행복을 전한다고 믿습니다.

차 례

머리말 아직도 우리는 배워야 할 것이 많다 8

1. 아메리카 인디언이 들려주는 삶의 한마디

땅에 닥치는 일은 인간에게도 닥친다 20

귀는 닫을 수 없지만 입은 언제나 닫을 수 있도록 되어 있다 26

우리는 자연의 제자들이다 30

아버지들이 가르쳐 준 법칙은 모두 유익했다 37

늙은이는 말하고 젊은이는 듣는다 42

서로 사랑하라, 견딜 수 없을 만큼 47

우리는 옳다고 믿는 대로 행한다 51

어떻게 땅을 사고판단 말인가? 58

늙어 가는 나무에 죽은 가지가 하나도 없었으면 좋겠는가? 66

내가 가진 것들을 사랑하는 것이 잘못인가? 69

자기 키보다 열 배나 높은 집이 왜 필요한가? 76

문명사회의 법과 규칙 때문에 많은 것을 잃고 있다 88

사람은 마땅히 있어야 할 곳에 태어난다 93

2. 오히예사가 들려주는 영혼의 이야기

모든 종교적인 열망은 하나의 원천에서 나온 것이다 100

영혼은 세상 만물에 깃들어 있다 104

위대한 영을 사랑하고, 자연을 사랑하라 118

인디언은 영원히 살아남을 것이다 150

3. 위대한 추장들이 들려주는 지혜의 목소리

형제여, 우리는 그저 우리 종교를 누리고 싶을 뿐이다 - 붉은저고리 추장 162

우리에게도 다른 종족들처럼 살아갈 기회를 달라 - 조지프 추장 171

종족은 종족의 뒤를 이어 가고 나라는 나라의 뒤를 이어 간다 - 시애틀 추장 217

부록 229

머리말

아직도 우리는 배워야 할 것이 많다

1492년, 콜럼버스와 그의 선원들은 자신들이 어디로 흘러가는지 조차 모르고 있었다. 망가질 대로 망가진 몸에다, 이질에까지 시달리고 있었다. 그들이 어느 해변에 상륙한 것은 어떤 사람들의 도움 덕분이었다. 콜럼버스는 그 사람들을 "흑인도 아니고 백인도 아닌데…… 키가 상당히 크고 잘생겼으며, 몸매도 균형이 잘 잡혀 있었다"고 묘사했다. 콜럼버스는 자신이 동인도제도에 상륙한 것으로 알았다. 그래서 그들을 인디언이라고 불렀다. 그런데 사실 그 사람들은 수백 년 전부터 그 대륙에서 살아온 수많은 주민들 중 일부였을 뿐이다.

그 땅에 살고 있던 사람들은 한 종족이 아니었다. 그들은 관습이 달랐다. 언어도 달랐다. 어떤 종족들은 땅을 갈아 경작했고, 주변 땅에서 나는 풍부한 산물을 채집하고 사냥하며 살아가는 종족들도 있었다. 사는 집의 형태도 각각 달랐으며, 사회를 다스리는 규칙도 각각 달랐다.

하지만 그들에게는 공통된 믿음이 하나 있었다. 땅은 정신적인 존재이므로 지배가 아니라 존경을 받아야 한다는 믿음이었다. 그러나 불행하게도 그 해변에 다다른 서유럽 사람들은 상반된 믿음을 갖고 있었다. 그들에게 아메리카 대륙은 아름답긴 하지만 미개한 땅이었다. 그래서 그들이 적절하다고 생각하는 대로 길들여서 사용하는 것이 자신들의 권리이자 의무라고 생각했다.

21세기에 들어서자 서구 문명은 유럽에서 건너온 이런 미국식 지배 철학이 낳은 피할 수 없는 결과와 마주서게 되었다. 대지와 균형을 맞추지 못하고 있는 것이다. 지구의 미래는 바로 그 균형을 복원할 수 있느냐에 달려 있다.

우리에겐 균형을 회복하는 데 도움이 될 만한 방법이, 자연의 본질에 기초를 둔 지식이, 지혜의 목소리가 몹시 필요하다. 그 지혜가 아메리카 원주민들의 목소리에 담겨 있다. 하지만 이 사람들은 목소리를 높이지 않는다. 그들이 쓰는 단어는 간결하고 그들의 목소리는 부드럽다. 우리는 지금까지 그들의 이야기에 귀를 기울이지 않았다. 지금이야말로 그들이 하는 이야기에 귀와 가슴을 열어야 할 때이다.

많은 전승들과는 달리, 아메리카 원주민들의 영적인 지혜는 〈성서〉처럼 문자화된 자료 형태로는 남아 있지 않다. 그들의 영적인 지혜는 지금도 그렇고 지금까지도 늘 그래왔듯이, 일상생활과 경

힘에 녹아들어 있어 살아가면서 몸으로 실천할 뿐 그것을 따로 기록하지 않았다. 이런 영적인 메시지가 매우 감동적으로 투영된 전승 가운데 하나가 그들의 전통적인 웅변술이다.

전통적으로 인디언들은 중요한 문제를 의논할 때 대화를 나누는 방식으로 토론하지 않았다. 그보다는 남자건 여자건 다른 사람이 하는 말에 주의 깊게 귀를 기울였으며, 자기가 말할 차례가 오면 일어서서 자신이 생각하는 문제의 핵심이 무엇인지를 말했다. 말하는 도중에는 아무도 끼어들지 않았다. 이러한 전통 덕분에 어디서도 찾아볼 수 없는 단순 명료한 언어와 사고에서 비롯된 정연한 웅변술이 생겨났다. 정치적인 문제나 사회적인 문제들 역시 누구보다도 명징한 통찰력과 표현으로 처리하였다.

1부 '아메리카 인디언이 들려주는 삶의 한마디'에 실린 글은 인생과 사회에 대한 아메리카 인디언의 의견이 담긴 연설과 몇몇 일인칭 증언에서 뽑은 것이다. 삶의 터전을 강제로 빼앗기고 고난에 직면해도 고유의 영적 지혜를 지켜 가려는 인디언의 목소리가 짧고 정제된 구절들에 오롯이 담겨 있다.

2부 '오히예사가 들려주는 영혼의 이야기'는 미국 역사에서 가장 매력적이면서도 눈에 띄지 않았던 인물 중 하나인 오히예사영어 이름은 찰스 알렉산더 이스트만의 생각을 담고 있다.

오히예사는 영혼을 노래하는 시인이자 영적인 지혜를 전해 주는 전달자였다. 그는 나이가 들어갈수록 점점 더 열정적으로 인디언들의 이상적인 삶을 설파한 설교자였다. 나는 깊이 생각한 끝에, 지금 우리 세대에게 무엇보다도 필요한 것이 그의 영적인 비전이라고 믿게 되었다. 우리는 아메리카 원주민들의 말씀과 통찰력을 갈망하고 있다. 그런데 그 누구도 오히예사만큼 명징하게 그것을 말한 사람은 없다.

오히예사는 1858년 겨울에, 지금은 '레드우드폴스Redwood Falls, 삼나무 폭포'라고 불리는 지역인 미네소타 남쪽에서 태어났다. 그는 다코타 연맹the Dakota nation, 아메리카 북부 대평원 지역에 사는 수우족의 연합체의 일원이었다. 그가 네 살 때, 격분한 그의 부족민들은 미국 정부에 맞서 결사적으로 봉기했다. 미국 정부가 영토 구입 대금으로 지불해야 할 식량과 보상금 지급을 보류하여 조직적으로 그들을 굶어 죽게 만들었기 때문이다.

봉기는 진압당했고 천여 명의 남자, 여자, 어린아이 들이 붙잡혀 죽임을 당했다. 1862년 크리스마스가 지난 어느 날, 38명의 남자들이 미네소타의 만카토에서 교수형을 당했는데, 이는 미국 정부가 시행한 가장 큰 규모의 처형이었다. 죽임을 당하지 않은 사람들은 말뚝이 둘러쳐진 임시 야영장으로 끌려갔다. 거기서 그들은 북부 지방의 매서운 겨울을 나면서 굶주렸고, 죽어 갔다.

오히예사의 아버지 '잦은번개Many Lightnings'도 붙잡힌 사람들 틈에 끼여 있었다. 오히예사는 잡히지 않았는데, 수우족의 전통 방식대로 키우기 위해 삼촌이 그를 맡았다. 그는 숲에서 자연의 방식을 배웠고 자기 부족 사람들에게서 교훈을 얻었다. 그리고 사냥꾼과 전사가 되기 위해 노력했다. 어느 날 그가 사냥을 하고 있는데, 백인 옷을 입은 한 인디언이 자기 쪽으로 걸어왔다. 아버지였다. 아버지는 수용소에서 살아남아 아들을 찾기 위해 돌아온 것이다.

강제 수용 기간에 유럽 문화의 유력을 목격한 잦은번개는 그들의 문화 속에서는 인디언의 삶의 방식이 살아남을 수 없으리라는 것을 깨달았다. 인디언 보호 구역에 갇혀 사는 인디언들을 '보호 구역 인디언'이라고 불렀는데, 그는 그들을 무척 싫어했다. 그들은 유럽인 정복자들에게서 음식과 옷을 얻는 대가로 자유와 전통을 포기한 사람들이었다.

잦은번개는 사우스다코타 동쪽에 있는 작은 농경지로 오히예사를 데리고 가서 새로운 유형의 전사가 되는 법을 가르치기 시작했다. 그는 아들을 백인들이 다니는 학교에 보냈다. 그리고 이렇게 충고했다.

"이건 내가 너를 첫 전투에 내보내는 것이나 마찬가지다. 승리하고 돌아오기 바란다."

그리하여 숲과 평원에 살던 산티 수우족 아이는 장차 대통령들에게 조언을 하게 될, 그리고 뉴잉글랜드 사회의 존경받는 일원이 될 찰스 알렉산더 이스트만으로 다시 태어났다.

오히예사는 벨로이트 대학에 진학했다. 거기서 영어를 배워 백인의 문화와 삶의 방식을 깊이 공부했다. 졸업을 한 후에는 동부로 가서 다트머스 대학에 다니다 보스턴 대학 메디컬스쿨에 입학했다. 1890년, 그곳에서 공부를 마친 그는 자신이 태어난 중서부의 '파인리지 인디언 보호 구역'으로 돌아갔다. 동족들 사이에서 의사로 일하기 위해서였다. 그러나 미국 정부와 인디언 대리인들의 부패에 환멸을 느껴 미네소타의 세인트폴에서 개인 병원을 열기 위해 노력했다. 그러나 그는 곧 눈길을 다른 곳으로 돌렸다. 그것은 인디언과 백인의 관계 문제였다.

이후 25년 동안 그는 인디언과 인디언이 아닌 미국인들 사이에 이해의 다리를 놓기 위해 여러 가지 노력을 펼쳤다. YMCA에서 일하기도 했고, 인디언들을 위해 워싱턴에서 변호사로 뛰기도 했다. 그 뒤 사우스다코타로 돌아가 '까마귀 강'에서 3년 동안 수우족을 위해 의사로 일했다. 1903년에는 매사추세츠로 돌아가 인디언들의 목소리를 미국 지성계에 전하는 일에 몸을 바쳤다. 보이스카우트 프로그램에 깊이 관여하기도 했다. 자신이 자연에서 자라면서 배운 경이감과 가치를 인디언이 아닌 미국 젊은이들에게 깨닫게 하는 최고의 방법이라고 믿었기 때문이다. 실제로 그는 아내의 도움을 받아 뉴햄프셔에 캠프를 세우기도 했다. 그곳에서 인디언이 아닌 어린이들을 위해 수우족의 교육 경험과 가치들을 복원하려고 시도한 것이다.

하지만 재정 문제 및 인디언 문화와 백인 문화 사이의 융합할 수 없는 근본적인 차이 때문에 그의 시도는 결국 수포로 돌아가고 말았다. 1918년 그는 백인 아내와 헤어졌고, 1921년에 뉴잉글랜드를 떠나 다시 돌아오지 않았다. 그는 문명 세계의 삶의 방식이 미래를 살아갈 방법이라는 믿음을 줄곧 간직하고 있었다. 그러나 문명 세계가 좀 더 도덕적이고 영적인 인류의 미래상을 제시할 능력이 있다는 믿음은 이미 상당 부분 잃어버리고 말았다. 그는 자신이 태어난 중서부의 숲으로 다시 돌아가 전통적인 삶의 방식에 더 많은 시간을 바쳤다. 한번 숲 속에 들어가면 혼자서 몇 달씩 보내는 일도 잦았다.

그래도 결코 버리지 않은 믿음이 하나 있었다. 원주민인 인디언들이 지니고 있던 이 땅 고유의 정신을 미국이라는 나라에 뿌리내리게 한다면, 미국 대륙에서 아주 비극적으로 부딪친 두 문화가 어쨌든 하나가 될 것이라는 믿음이었다. 그는 백인들의 문화가 '거래를 바탕으로 한 생활 체계'라고 생각했다. 그렇지만 인디언이건 아니건 가장 훌륭한 국민의 임무는 미국인들이 공유할 새로운 비전을 찾게 해주는 것이라고 여전히 생각하고 있었다.

인디언들의 삶의 관찰자로서 오히예사는 다른 사람들과 달랐다. 그는 인디언이라는 자신의 정체성을 완벽하게 지키면서도, 유럽인들이 미국 대륙을 장악한 상황에서 인디언의 정체성이 어떤 의미가 있는지를 찾는 데 자신을 바쳤다. 그는 자신이 배운 각각의 삶의 방식에 담긴 지혜를 진심으로 믿으려 했다. 싸움이 생기는 것은 두 가지 삶의 방식이 한 사람 안에서 공존하기가 매우 어렵기 때문이라고 생각했다.

그는 인디언들의 방식이 사라지는 것을 슬퍼했지만, 그것을 초자연적인 위대한 진리의 작용으로 받아들였다. 그래서 백인들의 방식을 인디언들에게, 인디언들의 방식을 백인들에게 전수하는 두 가지 임무를 스스로 떠맡았다. 그는 전통적인 방식의 기본을 결코 버리지 않았다. 심지어 '예수의 이상'이라는 복잡한 문제를 탐구할 때나, 대통령들과 식사를 할 때도 결코 버리지 않았다. 그는 관찰자였다. 늘 백인 문화 안으로 깊이 들어가 여행했으며, 할머니가 늘 가르쳐 주셨던 대로 '알게 될 때까지 새로운 길을 따라가기' 위해 노력했다.

그가 남긴 글은 그런 여행에 관한 기록으로, 전사의 심장과 웅변가의 혀와 인간의 영혼을 지닌 위엄 있는 사나이가 정성 들여 쓴 것이다. 그것은 종족이나 신념의 경계를 초월한 것이다.

3부 '위대한 추장들이 들려주는 지혜의 목소리'는 붉은저고리 Red Jacket, 조지프Joseph, 시애틀Seattle 같은 추장들의 훌륭한 연설로 이루어져 있다. 이 책에 실린 글 대부분 그렇지만, 특히 이 부에 실린 글을 통해 인디언들의 구술 전승을 가장 잘 이해할 수 있을 것이다.

우리들 대부분은 마음으로 읽도록 훈련되어 있다. 단어를 훑어보고 그것들을 압축하여 아이디어를 얻는다. 그런 다음 우리는 그런 아이디어들을 이해의 도구로 사용한다. 하지만 다른 방법도 있다. 단어들 자체가 그들만의 삶의 형태를 드러내 보여 주는 곳에서는 읽는 방법이 다르다. 리듬과 운율이 이미지와 공감의 수문을 열어젖힌다. 그러면 우리는 그 단어들을 쓴 사람의 심장이 박동하는 것을 느낀다. 그 단어들에 담긴 경험이 혈액처럼 솟구치고 있음을 알게 된다.

이것은 음악을 듣는 것에 더 가까운 읽기 방식이다. 음악을 들을 때는 순수하게 소리의 힘에 듣는 사람이 감동해 눈물을 흘릴 수 있다. 이것이 우리가 이런 위대한 연설문을 읽을 때 사용해야 할 방식이다. 의식을 치를 때 끊임없이 강렬하게 들려오는 북소리처럼, 그들이 쓰는 단어들은 최면 상태에 이르도록 주문을 엮어 낸다. 그들의 비전에 담긴 열정은 듣는 이들의 영혼뿐만 아니라 감정 속으로도 파고든다.

이 연설들은 위대한 종족인 인디언들을 위해 위대한 인물들의 영혼이 부르는 노래다. 그들이 쓴 단어들 속에, 그들이 쓴 단어들 사이에, 그들이 쓴 단어들의 행간에 있는 것은 사랑과 믿음과 분노와 연민이다. 자기 조상들이 살아온 방식을 믿었지만 자신들을 변화시키려고 무진 애를 쓰는 유럽에서 온 이주민들에게 그런 방식을 이해시킬 수 없었던 인디언들의 사랑과 믿음과 분노와 연민이다.

이제 싸움은 끝났고, 아메리카는 표면적으로는 결국 유럽 대륙의 판박이가 되었다. 유럽에서 멀리 떨어진, 유럽을 비추는 거울이다. 한때 이 땅의 해안에 벌거숭이 이주민으로 왔던 유럽인의 후예들이 그 형태와 방향을 조종하고 있는 거울이다. 하지만 원주민들, 맨 처음 이곳에서 살았던 사람들의 영혼은 결코 죽지 않았다. 그들의 영혼은 바위와 숲에, 강과 산에 살아 있다. 개천에서 중얼거리고 나무에서 속삭인다. 이 사람들의 가슴은 우리가 지금 걷고 있는 이 땅을 이루고 있다. 결코 그들의 목소리를 잠잠하게 할 수 없다. 여기 한데 묶어 놓은 세 인물의 연설은 우리에게 그 목소리를 다시 들을 기회를 준다.

여기 싣는 세 편의 연설은 그 어떤 연설보다 아주 감동적이고 아름다운 방식으로 특유의 정신을 고취한다. 붉은저고리 추장의 연설은 전통적인 방식의 힘과 믿음을 보여 준다. 밀려오는 유럽인이라는 폭풍우에 맞서 참나무처럼 버티고 있다. 조지프 추장의 연설은 인디언들의 여행으로 우리를 데리고 간다. 그 여행은 이 땅의 자유롭고 사랑스럽고 전도유망한 어린이들에서 시작한다. 그리고 추적을 당해 숲과 산들을 지나 로키산맥의 바람받이 산기슭에 이르러 비극적으로 항복을 해야 했던 마지막 생존자들에까지 이른다. 시애틀 추장의 연설은 인디언들에 대한 감동적인 찬사로 시작한다. 그러나 곧 우리 모두에게 충고하기 위해, 공동의 운명에 처한 인디언과 인디언 아닌 사람들을 한데 묶기 위해 소리를 높인다.

세 연설을 듣는 동안, 아메리카 인디언들이 다른 곳에서 온 이

주자들에게 친구가 되자며 손을 내밀 때 우리는 인디언들이 느낀, 해가 떠오르는 것 같은 희망을 함께 느낄 수 있을 것이다. 또 이 이주자들이 수가 많아지고 힘이 세져 그들과 맺은 우정을 배신할 때, 인디언들이 맛본 해가 지는 듯한 좌절도 함께 느낄 수 있을 것이다. 그리고 우리가 함께 살아가고 있는 이 땅에서 명예롭게 살고자 한다면 모두 인디언의 교훈을 배워야 한다고 말하는 부분에서는 새 시대가 출현할 징조를 느낄 수 있을 것이다.

그들은 지혜가 있는 사람들이다. 가르쳐 줄 게 많은 사람들이다. 만약 우리가 진심을 가지고 주의 깊게 귀를 기울인다면, 그들은 우리에게 가르쳐 줄 것이다. 나는 그러기를 바란다. 우리는 여전히 배워야 할 것이 많다.

켄트 너번

1
아메리카 인디언이 들려주는 삶의 한마디

땅에 닥치는 일은 인간에게도 닥친다

나는 자연이라는 광대한 영토에서 태어났다. 갓난아기인 내 몸을 가려 준 것은 나무들이었다. 나를 덮어 준 것은 하늘이었다. 나는 어머니인 자연의 아들이다. 나는 늘 그 어머니를 감탄하는 눈길로 바라보았다. 앞으로도 어머니의 아름다움을 노래할 것이다. 어머니의 모습을, 입은 옷을, 이마에 걸린 화관 같은 무지개를, 계절을, 장엄한 참나무를, 그리고 언제나 푸른, 대지 위의 고수머리 같은 머리칼을 노래할 것이다. 이런 것들 하나하나 때문에 나는 어머니를 영원히 사랑하게 되었다.

자연은 그 어느 곳을 보아도 기쁨이 밀려와 해변에 밀려오는 파도처럼 솟아올랐다가 부서진다. 나는 어머니의 손에 나를 안겨 준 신께 감사하며 찬양한다. 부유한 환경에 둘러싸인 궁전에서 태어나기라도 한 것처럼 자연에서 태어난 것이 대단하게 생각된다. 자연이라는 광대한 영토에서 태어난 것은 대단한 일이다!
　나는 이 땅을 더욱더 자랑스럽게 여길 것이다. 나를 덮고 있는 거대한 덮개인 하늘, 그리고 내 피난처가 되어 주는 숲 속 나무의 거대한 가지도 자랑스럽게 여길 것이다. 금 기둥으로 장식된 대리석 궁전에서 태어난 것보다 더 자랑스럽게 여길 것이다. 자연은 더욱더 자연다워질 것이다. 궁전들이 무너져 폐허가 되는 동안에도.
　그렇다. 나이아가라는 앞으로 천 년이 지나도 나이아가라일 것이다. 어머니인 대지의 이마 위에 걸린 화관 같은 무지개는 태양이 존재하는 한 계속 떠오를 것이다. 하지만 예술 작품같이 아름다운 강의 흐름은 조심스럽게 보호하고 보존한다 해도 결국 사라져 먼지로 산산이 부스러져 버릴 것이다.

조지 코프웨이(카게가가보우) ❖ 오지브웨족

　짐승이 없다면 인간이 도대체 뭐란 말인가? 짐승이 모두 사라져 버린다면, 인간은 영혼이 너무나 외로워져서 죽고 말 것이다. 짐승들에게 일어나는 일은 무엇이든지 사람에게도 일어나게 되어 있기 때문이다. 세상 만물은 서로 연결되어 있다. 땅에 닥치는 일은 무엇이든지 땅의 자식들인 인간에게도 닥친다.

시애틀 추장 ❖ 수콰미시족과 두와미시족

◎)+(◎

나는 굽이굽이 물이 흐르는 땅을 세상 무엇보다도 사랑한다.
아버지의 무덤을 사랑하지 않는 자는 들짐승보다 못하다.

조지프 추장 ❖ 네즈퍼스족

◎)+(◎

인디언의 감정적 특징은 같은 인간에 대한 적개심을 마음에 담아 두지 않는다는 것이다. …… 라코타족이 살던 곳의 산, 호수, 강, 샘, 골짜기, 숲은 모두 흠잡을 데 없이 완벽하게 아름다웠다. 바람, 비, 눈, 햇빛, 한낮, 밤, 계절의 순환들이 얼마나 황홀했는지 모른다. 새와 벌레와 동물들은 인간으로서는 알 수 없는 것들을 알고 있었다. 그런 것들이 세상에 가득 차 있었다.

라코타족은 자연을 사랑하는 진정한 자연주의자들이었다. 그들은 땅을 사랑했고 땅 위에 있는 모든 것들을 사랑했다. 그 애정은 나이가 들수록 점점 커졌다. 나이 든 사람들은 흙을 진정으로 사랑하게 되어 어머니 같은 땅의 기운에 가깝게 다가간다는 기분을 느끼면서 땅 위에 앉기도 하고 눕기도 했다.
땅과 접촉하는 것은 피부에 좋았다. 그래서 나이 든 사람들은 가죽으로 만든 '모카신'을 벗고 맨발로 성스러운 대지 위를 걷는 걸 좋아했다.

그들은 티피원뿔 모양의 가죽 천막를 땅 위에 세웠다. 땅은 그들의 제단이었다. 공중을 나는 새들은 땅에 내려앉아 쉬었다. 땅은 살아 있는 모든 것들, 자라나는 모든 것들이 마지막으로 머무는 장소였다. 흙은 고통을 가라앉혀 주고, 기운을 북돋아 주고, 더러운 것을 정화해 주고, 병을 치유해 주었다.

이런 이유로 늙은 인디언들은 여전히 맨땅 위에 앉는다. 땅에 뭘 깔고 앉으면 생명력이 가로막히기 때문이다. 땅 위에 앉거나 누우면 생명의 신비를 더 깊이 생각할 수 있었고 더 섬세하게 느낄 수 있었고 더 명확하게 볼 수 있었다. 그래서 주변에 있는 다른 생명들과 더 가까워졌다.

'서있는곰' 루서 추장 ❖ 오글랄라 수우족

당신들은 나에게 땅을 일구라고 한다. 칼을 들고 어머니의 가슴을 찢으란 말인가? 그렇게 한다면 내가 죽을 때 땅은 내가 편히 쉴 수 있도록 가슴에 안아 주지 않을 것이다.

당신들은 나에게 땅을 파서 보석을 캐내라고 한다. 어머니의 살을 파고들어 뼈를 캐내란 말인가? 그러면 내가 죽을 때 다시 태어나기 위해 어머니의 몸속으로 들어갈 수 없다.

　당신들은 나에게 풀을 잘라내 건초를 만들어 팔라고 한다. 그러면 백인들처럼 부자가 될 것이라고 한다. 하지만 어떻게 감히 어머니의 머리칼을 잘라 버리겠는가?

　나는 우리 부족들과 같이 여기 머물기를 원한다. 죽은 사람들은 모두 다시 태어날 것이다. 그분들의 영혼은 그분들의 몸속으로 다시 돌아올 것이다. 우리는 우리 아버지들의 고향인 여기서 기다려야 한다. 어머니의 품 안에서 그분들을 만날 준비를 해야 한다.

워보카 ❖ 파이우트족

　위대한 영이시여, 저는 우리 땅에 피가 흘러 풀들이 더럽혀지는 것을 바라지 않습니다. 저는 우리 땅이 모두 깨끗하기를, 한 점 더럽혀지지 않기를 바랍니다. 그래서 우리들 곁을 지나가는 사람들이 우리 땅에 다다랐을 때 누구나 이곳이 평화롭다는 걸 느낄 수 있기를, 떠날 때는 평화롭게 떠날 수 있기를 바랍니다.

열마리의곰 ❖ 얌파리카 코만치족

나는 땅과 들소를 사랑한다. 그래서 늘 그것들과 함께 있을 것이다. …… 나는 내가 자란 방식대로 아이들을 키우고 싶다. 나는 한곳에 머물러 살고 싶지 않다. 초원을 이리저리 떠도는 게 좋다. 초원에서는 자유롭고 행복한 기분이 든다. 하지만 한곳에 머문다면 우리는 점점 파리해져서 죽고 말 것이다.

사탄타 추장 ❖ 키오와족

귀는 닫을 수 없지만 입은 언제나
닫을 수 있도록 되어 있다

라코타족에게 침묵은 아주 의미심장한 행위다. 그들은 말하기 전에 잠시 침묵했다. 이는 진정으로 예의 바르게 행동하기 위한 행위이자, '말하기 전에 먼저 생각하라'는 규칙을 존중하는 행위였다.

슬프고, 병들고, 죽어 가는 여러 불행한 일을 당할 때도, 저명인사나 거물들 앞에서도, 침묵은 존경의 표시였다. 라코타족에게 침묵은 말보다 더 강력한 표현이었다.

그들은 침묵이 좋은 행동이라고 굳게 믿고 엄격하게 지켜 나갔다. 그것 때문에 백인들은 그들이 금욕주의자라고 오해한 것이 분명하다. 그들은 말수가 적고, 무감각하고, 무관심하고, 냉혹하다는 비난을 받았다.

사실은 그렇지 않았다. 그들은 아주 인정 많은 사람들이었다.

하지만 웅숭깊고 진실한 자신들의 감정을 잘 조절했다. 라코타족에게 침묵의 의미는 벤저민 디즈레일리가 한 말과 같았다. "침묵은 진리의 어머니다."

　말수가 적은 사람의 말은 언제나 신뢰했다. 반면에 언제나 준비해 둔 듯이 말을 꺼내는 사람들의 말은 결코 진지하게 받아들이지 않았다.

'서있는곰' 루서 추장 ❖ 오글랄라 수우족

◎⋈◎

　나이 든 인디언 웅변가들은 생각을 사려 깊게 정리하는 태도가 몸에 배어 있었다. 내 생각에 이러한 태도는 주로 젊은 시절 홀로 한적한 곳에서 침묵하며 깊이 사색하는 습관에서 비롯된 것 같다.

　그들은 새들이 지저귀는 소리를 들었고, 숲의 위풍당당함과 아름다움을 눈여겨보았다. 공중에 떠다니는 바위산 같은 장엄한 구름, 여름날 저녁 하늘의 황금빛 색깔, 자연의 모든 변화들은 신비스럽고 심장한 의미들을 담고 있었다.

　이 모든 것들은 서로 어우러져 사색에 잠긴 젊은이에게 풍부한 성찰거리를 제공했다.

프랜시스 아시키나크 '검은새' ❖ 오타와족

◎)+(◎

우리는 나이가 들었다. 그런데 당신들처럼 온갖 방법으로 기록하여 기억을 간직할 기술이 없다. 그래서 사물에 대한 기억들이 우리와 함께 사라질 거라고 생각할 수도 있다.

그러나 우리는 이 모든 사물의 상세한 내용을 아버지에게서 아들에게 전달하는 방법을 알고 있다. 당신들은 알게 될 것이다. 그 모든 기억이 충실하게 보존되어 있으며, 우리 자손들이 지나간 일들을 대대로 알고 있고, 그리하여 대지가 사라지지 않는 한 잊히지 않을 것이라는 것을.

카니크훈고 ❖ 여섯 부족들의 조약 협상에서

◎)+(◎

당신들은 에두르지 말고 솔직하게 말해야 한다. 그러면 그 말들이 햇살처럼 우리 가슴을 파고들 것이다.

코치스('수레국화같은') 추장 ❖ 치리카후아족

◎)+(◎

우리 생각에는, 조약이란 영구불변한 것이다. 중요한 사건이 일어나면 약속을 어기는 것이 합당한 것처럼 보인다. 하지만 우리는 알고 있다. 맨 처음 약속 위반은 다음 약속 위반을 정당화할 논리가 된다는 것을. 결국 약속은 하나도 남지 않게 된다는 것을.

인디언 당면 문제에 대한 선언(1961) ❖ 아메리카 인디언 시카고 총회

◎)(◎

백인들의 말은 대단히 매끄럽다. 옳은 것을 그르게 보이도록 만들 수도 있고, 그른 것을 옳게 보이도록 만들 수도 있는 것을 보면.

검은매 ❖ 소크족

◎)(◎

백인들의 어른이시여, 당신은 저와 제 아이들에게 약속했습니다. 만약에 그 약속들이 사회적 지위가 낮은 사람이 한 약속이라면, 저는 그 약속이 지켜지지 않는 것을 보고도 놀라지 않았을 것입니다. 하지만 당신은 대단히 부유하고 대단히 권력도 셉니다. 저는 당신이 한 약속들이 지켜지지 않는 것을 보고 놀랐습니다.

차라리 당신이 그런 약속을 하지 않았더라면 저는 기분이 더 좋았을 것입니다. 그런 약속을 하고 지키지 않은 것보다는…….

신구아콘세('작은소나무')

우리는 자연의 제자들이다

나를 보라. 나는 가난하고 헐벗었지만 부족의 추장이다. 우리는 부유해지고 싶지는 않지만 우리 아이들은 올바르게 가르치고 싶다. 부유한 것은 우리에게는 아무 소용이 없다. 재산을 짊어지고 다른 세계로 갈 수도 없다. 우리는 부유해지고 싶지 않다. 평화와 사랑을 원한다.

붉은구름 ❖ 오글랄라 수우족

당신들은 매우 현명하니 종족이 다르면 사물에 대한 생각도 다르다는 걸 분명히 알고 있을 것이다. 그러므로 백인들의 교육 방식에 대해 우리 생각과 백인들의 생각이 일치하지 않는다고 해도 우리는 그것을 나쁘게 받아들이지는 않을 것이다. 우리는 그런 일을 여러 번 겪어 보았다.

우리 젊은이들 중 몇몇은 당신들 대학에서 교육을 받았다. 그들은 당신들 학문을 모두 배웠다. 그러나 그들이 우리에게 돌아왔을 때 보니, 질 나쁜 경쟁자들이 되어 있었다. 숲 속에서 살아가는 그 많은 방법들을 하나도 몰랐다. 추위나 배고픔을 견딜 줄도 몰랐다. 통나무집을 만들고, 사슴을 잡고, 적을 죽이는 방법도 몰랐다. 우리말도 제대로 하지 못했다.

그러므로 그들은 사냥꾼이 되기에도, 전사가 되기에도, 아니면 부족의 상담자가 되기에도 적절치 않았다. 도무지 쓸모가 없었다.

그러나 비록 거절하긴 했지만, 우리가 당신들의 친절한 제안을 고맙게 여기지 않는 것은 아니다. 버지니아의 신사들이 우리에게 12명의 아들을 보내 준다면, 우리는 고마움의 표시로 아주 잘 보살피고 교육하겠다. 우리가 알고 있는 모든 것들을 가르쳐, 그들을 남자로 만들어 주겠다.

카나사테고 ❖ 랭커스터 조약

어린아이들에게 '진정한 예의'란 말이 아니라 행동으로 보여 주어야 하는 것이라고 가르쳤다. 아이들에게 모닥불 앞에 앉아 있는 어른들이나 손님들 앞으로는 절대로 지나가지 못하도록 했다. 다른 사람이 말하고 있는 동안에는 끼어들지 말도록 했다. 신체에 장애가 있거나 외모가 이상한 사람을 절대 놀리지 못하게 했다. 어떤 아이가 생각 없이 그런 짓을 저지르면 그 부모는 조용한 목소리로 즉시 나무랐다.

'실례합니다' '죄송합니다' '미안합니다' 같은 표현들은, 이제는 너무 가볍게 그리고 불필요하게 자주 사용되고 있는데, 라코타족의 언어에는 이런 표현이 없다. 어떤 사람이 다른 사람에게 해를 입혔거나 불편을 끼쳤다면, "와눈헤쿤wanunhekun"이라고 말했다. '실수했습니다'라는 뜻이다. 이 말은 일부러 무례하게 굴지 않았다는 것과 우발적으로 일어난 일이라는 것을 나타내기에 충분했다.

우리 젊은이들은 오랜 예절 규칙을 배우며 자랐기 때문에 요즘 사람들처럼 쉴 새 없이 수다를 떨며 할 말 안 할 말 다 하는 버릇에 절대로 빠지지 않았다. 그렇게 하는 것은 무례할 뿐만 아니라 바보스럽게 보였다. 침착함은 품위 있는 것으로 칭찬을 받았는데, 쉴 새 없이 떠든다면 침착할 수 없기 때문이다. 이야기를 하던 도중에 잠시 쉬는 것은 적절한 태도라고 여겼다. 그래서 허둥대거나 당황하지 않을 수 있었다.

라코타족 노인들은 손으로 땅을 짚으며 아이들에게 이렇게 설명했다. "우리는 어머니인 대지의 무릎에 앉아 있다. 우리뿐만 아니라 살아 있는 모든 생명은 이 어머니에게서 나온다. 우리는 곧 사라질 것이다. 그러나 우리가 머물러 있는 이 땅은 영원히 남을 것이다." 그래서 우리는 땅 위에 앉거나 눕는 걸 배웠다. 그리고 우리 주변에 여러 가지 형태로 생명들이 살고 있다는 것을 깨닫게 되었다.

때때로 우리 소년들은 꼼짝도 하지 않고 조용히 앉아서 제비나 작은 개미들, 또는 작은 동물 몇 마리가 움직이는 것을 바라보며, 그것들이 정말 부지런하고 정교한 솜씨를 가지고 있음을 깨닫곤 했다. 우리는 땅바닥에 누워 하늘을 오랫동안 바라보기도 했다. 별이 뜨면 여러 별들의 무리를 연결해 형상을 만들어 보기도 했다.

모든 사물은 인격을 지니고 있었다. 모양새만 우리와 다를 뿐이었다. 지식은 모든 사물에 본래부터 담겨 있는 것이다. 세상은 도서관이고 돌, 나뭇잎, 풀, 개울, 그리고 새와 동물은 그 안의 책이었다. 그것들은 우리와 마찬가지로, 땅의 거친 날씨와 축복을 함께 누렸다. 우리는 자연에서 배운 것들을 실행하는 방법을 배웠다. 그것은 아름다움을 느끼는 것이었다. 우리는 폭풍우나 미친 듯한 바람이나 살을 에는 듯한 추위와 눈을 탓하지 않았다. 그렇게 해봤자 인간만 더 하찮아졌다. 그래서 무슨 일이 닥치든 거기에 맞춰 나갔다. 필요하다면 더욱 노력하고 더욱 힘을 쏟았다. 하지만 불평은 하지 않았다.

번개도 우리에게 아무런 해를 입히지 않는 존재였다. 번개가 가까이에서 내리쳐도 어머니와 할머니들이 티피 안에 피워 둔 숯불 위에 삼나무 잎을 뿌리면 마술처럼 위험이 사라졌다. 밝은 날씨든 흐린 날씨든 모두 위대한 영이 모습을 드러내는 현상이었다. 그래서 인디언들은 '위대한 영의 성스러움'에 가까이 다가가려고 마음을 집중했다.

사물을 관찰하는 것은 확실히 그만한 가치가 있었다. 호기심, 놀라움, 감동이 커졌다. 생명은 말로 간단히 표현할 수 없을 만큼 수많은 형태로 세상에 나타나 있었다. 사물을 관찰하면 그 사실을 이해할 수 있었다.

이것을 이해한 덕분에 라코타족의 생활은 더욱 풍부해졌다. 삶은 생생하고 활력이 넘쳤다. 우연하거나 평범한 것은 세상에 없었다. 인디언들은 태어나서 죽을 때까지 말 한마디에 담긴 의미를 생생하게 자각하며 살았다.

'서있는곰' 루서 추장 ❖ 오글랄라 수우족

◉⊁◉

세상에서 가장 자유로운 삶을 살고 싶어 하는 소년이 있다면, 그가 누구든 그 생각을 버리지 않는 한 인디언과 같은 부족이지 않겠는가? 우리는 자연에게 직접 배우는 자연의 제자들이었다. 우리는 당신들이 책을 보고 공부하듯 동물들의 행동을 보고 배웠다.

우리는 우리 부족 어른들의 행동을 관찰한 다음 놀이를 할 때 그들처럼 행동하면서 생활 속에서 그들을 본받는 법을 배웠다.

그 누구도 자연에서 자란 아이들만큼 오감을 잘 활용할 수는 없다. 우리는 듣고 보는 것만 잘하는 게 아니라 냄새도 잘 맡았다. 그것만 잘하는 것이 아니었다. 감촉을 깊이 느끼고 맛을 깊이 음미할 줄도 알았다. 또 자연에서 생활하면 도시 같은 곳에서 생활하는 것보다 기억력이 훨씬 더 발달했다. 그래서 인디언들은 조상들이 들려 준 지혜들을 기록하지 않아도 완벽하게 기억했다.

어렸을 때부터 나는 침묵하는 방법과 표현을 삼가는 방법을 차근차근 배웠다. 이것은 인디언의 성격을 형성하는 가장 중요한 특성이었다. 사냥꾼이자 전사가 되려면 반드시 필요한 특성이었다. 인내력과 자기 통제력의 밑바탕에도 그런 특성이 깔려 있었다. 우리 부족은 활기차고 유쾌하고 떠들썩하게 놀 때도 있었다. 하지만 반드시 위엄과 예의를 지켰다.

나는 용감한 사람이 되고 싶었다. 그것은 백인 소년이 훌륭한 법률가가 되거나 대통령이 되고 싶은 마음과 똑같았다.

나는 어른들을 존경했다. 특히 나이 많은 분들을 존경했다. 나는 어른들이 토론하는 자리에 끼어들지 못하게 되어 있었다. 어른들 앞에서는 말을 하지도 못하게 했다. 어른들의 허락을 받아야 비로소 말할 수 있었다. 인디언들의 예의범절은 매우 엄격했다. 꼭 지켜야 할 것들 가운데 연설을 할 때는 직설적인 표현을 쓰지 말라는 것도 있었다.

 상대에게 존경하는 마음을 나타내고 싶으면 이름 대신에 친족 관계를 나타내는 촌수로 부르거나 격식을 갖춘 의례적인 호칭으로 불렀다.

 우리는 가난한 사람에게 관대하게 대하라고 배웠다. 위대한 영을 경건한 마음으로 숭배하라고 배웠다. 종교는 모든 인디언 교육의 밑바탕이었다.

오히예사 ❖ 산티 수우족

 우리는 어린 인디언 소년, 소녀 들을 학교에 보냈다. 그런데 녀석들이 영어로 말대꾸를 하는데 욕설을 하는 것이었다. 인디언들의 말에는 욕설이 단 한마디도 없다. 나는 아직도 욕을 할 줄 모른다.

거트루드 보닌(지트칼라사) ❖ 양크턴 수우족

아버지들이 가르쳐 준 법칙은
모두 유익했다

칭찬, 아첨, 허풍스러운 몸짓, 고상한 체 야단 떠는 말들은 라코타 족의 예절에는 없다. 도를 넘는 행동은 위선으로 여겨졌다. 수다쟁이 들은 무례하고 생각이 없는 사람으로 여겨졌다. 대화를 갑자기 시작 하는 법도 없었다. 서두르지도 않았다.

아무리 중요한 일이라도 바로 질문을 하는 일은 없었다. 대답을 재촉하는 일도 없었다. 생각할 시간을 주느라 잠시 여유를 갖는 것은 아주 예의 있게 대화를 시작하고 이끌어 가는 방식이었다.

'서있는곰' 루서 추장 ❖ 오글랄라 수우족

◎)+(◎

지금은 한 해 중 가장 행복한 계절이다. 말린 고기와 물고기, 콩, 호박, 그리고 여러 가지 수확물 등 식량이 아주 많기 때문이다. 우리는 옥수수가 익을 때까지 계속 잔치를 열어 마을 사람들을 서로 초대한다.

매일 마을에 있는 오두막집 중에서 최소한 한 집 이상이 잔치를 연다. 이 잔치는 위대한 영을 위한 것이다. 이 잔치에 대해 설명을 해도 백인들은 이해하지 못할 것이다. 백인들과 우리 사이에는 서로를 이해할 수 있는 적절한 기준이 없기 때문이다. 우리들은 누구나 스스로 가장 크고 훌륭하다고 생각하는 규모의 잔치를 연다. 위대한 영을 기쁘게 하기 위해서다. 그는 모든 피조물들을 돌보는 존재이므로.

검은매 ❖ 소크족

◎)+(◎

큰일을 시작할 때는 그것을 단번에 끝낼 수 있다는 생각이 들지 않는다. 그러므로 시작한 일을 완벽하게 끝낼 때까지 당신과 형제들은 꾸준히 밀고 나아가야 하며, 어떤 일이 닥쳐도 용기를 잃지 않아야 한다.

형제여, 그러므로 나 같으면 어떤 어려움이 있어도 헤치고 밀고 나아가겠다는 것을 확실히 말해 둔다. 반대쪽에서 불어오는 바람이 내 얼굴을 세게 후려쳐도, 나는 앞으로 나아갈 것이다. 결코 돌아서지 않을 것이다. 계속 밀고 나아가 그 일을 끝까지 마칠 것이다. 당신도 그렇게 하기를 바란다.

이쪽저쪽에서 새가 지저귀는 소리가 들릴지도 모르겠다. 그래도 그런 것에 신경 쓰지 말아야 한다. 내가 당신에게 말할 때는 내 말에만 귀를 기울여야 한다. 그리고 들은 말을 가슴에 담아 두어야 한다. 당신은 언제나 내가 말한 것이 진실이라고 믿어야 하기 때문이다.

티디유스쿵 ❖ 델라웨어족

우리 젊은이들은 절대로 땅을 경작하지 않을 것이다. 땅에서 일하는 사람은 꿈을 꿀 수 없다. 지혜는 우리가 꿈을 꿀 때 우리에게 오는 법이다.

워보카 ❖ 파이우트족

◎※◎

아들아, 결혼을 하면 아내를 우상처럼 대접하지 마라. 아내란 공경하면 할수록 더욱 공경받고 싶어 할 것이다. 아들아, 하나 더 말해 주겠다. 여자는 너무 가까이에서 바라보면 안 되는 법이다. 아내를 너무 지켜보면 자기 질투심만 보여주는 꼴이 될 것이다. 계속 질투심에 사로잡혀 아내를 바라보면 결국 그녀는 너를 떠나 멀리 도망쳐 버릴 것이다. 그건 결국 네 잘못이다.

이름이 알려지지 않은 인디언 ❖ 위네바고족

◎※◎

새로 부부가 된 사람들은 결혼 첫해에 서로 의견이 맞는지 안 맞는지를 알게 된다. 뜻이 맞는다면 행복하게 살 것이고 맞지 않는다면 헤어져 다른 짝을 찾는다. 뜻이 서로 맞지 않는데도 함께 살 거라면 백인들처럼 어리석지 않으면 안 될 것이다.

분별 있게 행동해야만 부모들이 기거하는 오두막집에서 여자를 빼내 올 수 있다. 여자에게 아이가 있다면 몇을 데리고 와도 좋다. 언제나 환영이다. 준비는 다 되어 있다. 아이들을 먹이기 위해 주전자를 모닥불 위에 올려놓았으니까.

검은매 ❖ 소크족

◎)+◎

할아버지는 말한다. 친구들이 죽어도 절대 울지 말아야 한다고. 절대로 남에게 상처를 입히거나 다치게 해서는 안 된다고. 절대로 남과 싸워서는 안 된다고. 언제나 옳은 행동을 하라고. 그러면 만족스러운 삶을 살아가게 될 것이라고.

워보카 ❖ 파이우트족

◎)+◎

우리는 모두 가난하다. 그것은 우리가 정직하기 때문이다.

붉은개 ❖ 오글랄라 수우족

늙은이는 말하고 젊은이는 듣는다

백인들의 회의에는 잘못된 점이 있다. 미크마크족 사람들도 회의를 열곤 하는데, 이는 늙은이들이 젊은이들에게 어떻게 일처리를 해야 할지 일러주는 회의다. 그러면 젊은이들은 그걸 듣고서 일러준 대로 실행한다. 백인들은 그것 역시 뒤집어 버렸다. 이제는 젊은이들이 말하고 늙은이들이 듣는다. 나는 미크마크족의 회의가 훨씬 낫다고 생각한다.

피터 폴(1865)

◎)(◎

왜 당신들은 우리에게서 사랑으로 얻을 수 있는 것을 폭력으로 빼앗아 가야만 하는가? 왜 당신들은 당신들에게 음식을 제공해 준 우리를 죽여 없애지 않으면 안 되는가? 전쟁을 해서 당신들이 얻을 수 있는 게 뭔가?

우리 여인들, 아이들과 함께 좋은 고기를 먹고 편안히 지내다가 조용히 잠들 수 있다면 그게 훨씬 좋은 일 아닌가. 영국인들과 함께 웃고 떠들며 친구가 된다면 그게 훨씬 좋은 일 아닌가. 구리로 만든 손도끼나 갖고 싶은 것을 뭐든지 가질 수 있다면 그게 훨씬 좋은 일 아닌가.

와훈소나쿡 왕 ❖ 포와탄족

우리는 당신에게 성스러운 상징이자, 당신이 지도자임을 나타내는 사슴뿔을 머리에 씌워 준다. 당신은 이제 다섯 부족의 현명하고 성실한 지도자가 되어야 한다. 당신은 피부 두께가 다섯 뼘은 되어야 한다. 즉 평화와 온정이 가득해야 하며, 당신의 마음은 다섯 부족 연맹의 행복을 바라는 열망으로 가득 차야 한다.

당신은 지극한 인내심으로 임무를 수행해야 한다. 단호한 태도는 부족들에 대한 애정으로 누그러뜨려야 한다. 화도 분노도 당신 마음엔 머물지 말아야 한다. 당신의 모든 말과 행동에는 잔잔한 신중함이 나타나야 한다.

부족회의를 할 때, 법률을 만들려고 할 때, 공식적인 행동을 할 때, 대단히 신중한 마음으로 이기주의를 버려야 한다. 당신이 저지를지도 모를 실수나 오류 때문에 누군가가 당신을 꾸짖으면 어떤 경고든 무시하면 안 된다. 위대한 법의 길로 돌아와야 한다. 그것은 정당하고 옳기 때문이다.

 부족 전체의 행복을 위해 늘 주의를 기울이고 귀담아 들어야 한다. 현재뿐만 아니라 다가올 세대까지 생각해야 한다. 그들의 모습은 아직 대지의 표면 아래 있지만, 그들은 아직 태어나지 않은 우리 부족의 후손들이다.

5부족 연맹 헌법

 오논다가이로쿼이족의 지도자는 부족회의를 열 때마다 형제 지도자들에게 인사를 하고 감사의 말을 한 다음에 시작해야 한다. 또 지도자들은 모든 부족들이 머물러 살고 있는 대지에 감사를 드려야 한다.

 흐르는 강물, 연못, 샘, 그리고 호수에도, 옥수수와 과일에게도 감사를 드려야 한다. 약초, 나무, 숲에게도 유용하게 활용하고 있노라고 감사를 드려야 한다. 양식이 되어 주고 옷을 만들 가죽을 대주는 동물에게도 감사를 드려야 한다. 거센 바람과 산들바람, 천둥, 위대한 전사인 해와 달에도 감사를 드려야 한다.

하늘 저 높은 곳에 머물고 있는 위대한 영의 전달자들에게도 감사를 드려야 한다. 인간에게 유용한 것을 모두 내려 주며, 건강을 유지하고 일상을 살아가는 원천이 되어 주고, 그렇게 유지되도록 다스려 주기 때문이다. 그런 다음에 오논다가족의 지도자는 부족 회의의 개회를 선언해야 한다.

이로쿼이족 헌법

부족 연맹에 속한 부족들은 특별한 능력을 동원해 연맹의 업무를 도와야 하고 거기에 관심을 보여야 한다. 현명하고 정직하고 믿을 만한 자라고 판명되면, 연맹의 지도자들은 그를 선출해 함께 일할 수 있다. 선출되면 그는 연맹 회의에 참석할 수 있다. 지도자들은 그를 연맹을 위해 등장한 '소나무'라고 널리 알려야 하며, 지도자 취임을 위한 다음 회의에서 그를 '소나무'로 임명해야 한다.

'위대한 평화'의 법칙에 어긋나는 행위를 저질렀다고 해도 그를 면직할 수 없다. 그를 잘라서는 안 된다. 그러나 그 이후에는 그의 말이나 조언을 들어서는 안 된다. 또 그가 자기 지위와 직책에서 물러날 때는 막아서는 안 된다. '소나무' 추장은 후계자를 지명할 권한이 없으며 자기 직책을 대물림하지 못한다.

5부족 연맹 헌법

◎)+◎

　부족민을 위해 중요한 일, 어려운 일을 하라. 부족민을 연민하는 마음을 가지고 그들을 사랑하라. 가난한 사람이 있으면 도와라. 그와 가족들에게 음식을 주고 그들이 원하는 것은 뭐든지 주어라. 부족들 사이에 불화가 생기면 중재하라.
　신성한 담뱃대를 들고 부족들 가운데로 걸어 들어가라. 화해를 시키는 데 필요하다면 죽어라. 그런 다음에 질서가 회복되어, 죽어서 땅바닥에 누워 있는 그대가 여전히 손에 평화와 화해의 상징인 신성한 담뱃대를 쥐고 있는 것을 보면, 그때는 틀림없이 그대가 진정한 추장이었음을 모두 알게 될 것이다.

원네바고의 훈계

◎)+◎

　우리는 용감한 행동이나 훌륭한 행동을 하고서도 전혀 보상을 바라지 않는다. 그래도 자기 부족을 위해 몸을 바쳐야 한다는 생각은 버리지 않고 있다.

조지프 브랜트(타엔다네게아) ❖ 모하크족

서로 사랑하라, 견딜 수 없을 만큼

친구여, 우리는 정말 견딜 수 없을 만큼 서로 사랑하고 사랑받지 않으면 안 된다. 예수는 사람이 빵만으로는 살 수 없다고 말했다. 그는 굶주림에 대해 이야기한 것이다. 이 굶주림은 육신의 굶주림이 아니다. 빵을 못 먹어서 생긴 굶주림이 아니다. 그는 숨 쉬는 일처럼 생명을 유지하는 데 꼭 필요한 절박한 욕구에 대해 말한 것이다. 우리가 사랑에 굶주렸음을 말한 것이다.

사랑은 당신과 내가 꼭 지녀야 할 특별한 것이다. 우리는 사랑이 없으면 안 된다. 우리 영혼은 사랑을 먹고살기 때문이다. 우리는 사랑이 없으면 안 된다. 사랑이 없으면 허약해지기 때문이다. 사랑이 없으면 우리의 자존심은 점점 스러진다. 사랑이 없으면 우리의 용기는 점점 줄어든다. 사랑이 없으면 우리는 더 이상 자신 있게 세상을 내다볼 수 없다. 자기 내부로 방향을 돌려 자신만을 사랑하기 시작하면 우리는 조금씩 자신을 파괴하게 된다.

   사랑이 있으면 우리는 창조적이 된다. 사랑이 있으면 우리는 지치지 않고 행진할 수 있다. 사랑이 있으면, 사랑만 있으면, 우리는 다른 사람을 위해 희생할 수 있다.

댄 조지 추장 ❖ 코스트 살리시족

여기서 당신들을 만나니 내 마음은 기쁨으로 가득하다. 봄에 눈이 녹아 시내가 물로 가득 차 있는 것처럼. 반갑다. 한 해가 시작될 때 신선한 풀들이 자라 있으면 말들이 반가워하는 것처럼.

   여러 날 전부터 당신들이 온다는 소식을 들었다. 그런데 당신들이 왔는데도 그저 몇 안 되는 천막을 쳤을 정도로 자리가 누추하다. 나는 당신들이 나와 우리 부족민들에게 도움을 주기 위해 왔다고 알고 있다. 나는 영원히 지속될 그런 도움을 원한다. 그래서 당신들을 바라보는 내 얼굴은 기쁨으로 빛나고 있다.

열마리의곰 ❖ 얌파리카 코만치족

나는 진정으로 기뻐서 웃고 있다. 당신들 얼굴을 마주하고 있기 때문에……. 아, 오늘 태양이 한층 더 찬란하고 아름다운 것은 당신들이 우리에게 화를 내지 않은 덕분이다!

치트마차스족 추장(이름은 알려지지 않았음)

◎)ㅔ(◎

오, 편안한, 말로 표현할 수 없을 만큼 편안한 안도감. 그것은 한 사람 때문이니, 그는 생각이나 말을 비교하거나 따지지 않고 있는 그대로 올바르게만 쏟아 놓는다. 마치 믿음직스러운 솜씨로 왕겨와 알곡을 함께 취한 뒤 체로 걸러 내어 간직할 가치가 있는 것은 간직하고, 나머지는 따스한 숨결로 날려 보내는 사람들처럼 확실한 사람이다.

이름이 알려지지 않은 인디언 ❖ 쇼쇼니족

◎)ㅔ(◎

모든 사람들이 말을 한 다음 그대로 실천한다면 평화의 태양은 영원히 꺼지지 않을 것이다.

사탄크 ❖ 키오와족

아버지시여, 저는 당신의 딸을 사랑합니다. 그러니 제게 주시지 않겠습니까. 그녀의 마음속에 자라는 작은 뿌리들은 제 가슴속 뿌리들과 얽힐 것입니다. 그러면 거센 바람이 불어도 그 뿌리들은 결코 풀어지지 않을 것입니다.

저는 진실로 그 남자만을 사랑합니다. 그의 마음은 사탕단풍나무에서 얻은 달콤한 즙 같습니다. 산들바람에 흔들리는 사시나무 잎과도 비슷합니다. 언제나 생생하게 살아서 떨고 있습니다.

이름이 알려지지 않은 인디언 ❖ 캐나디안족

우리는 옳다고 믿는 대로 행한다

당신들은 천국에 가기 위해서는 반드시 세례를 받아야 한다고 말한다. 어떤 사람이 아주 선량해서 신을 한 번도 거스르지 않았는데 그가 세례를 받지 않고 죽었다면, 신을 한 번도 성나게 한 적이 없는데도 지옥에 가야 하는가? 만약에 그가 지옥에 간다면, 신은 선량한 사람이라고 해서 다 사랑하지는 않는 게 틀림없다. 그중 한 사람을 불길 속에 던져 버리지 않았는가.

당신들은 신이 하늘과 땅이 생기기 이전부터 존재했다고 말한다. 만약에 그랬다면, 하늘도 땅도 없는데 그는 어디에 살고 있었나?

당신들은 천사들이 세상이 시작될 때 창조되었다고 말한다. 그리고 그들 중 복종을 하지 않은 천사들이 지옥으로 떨어졌다고 말한다. 땅이 만들어지기 전에 천사들이 죄를 지었고, 지옥은 땅속

저 깊은 곳에 있다는데, 그렇다면 어떻게 지옥으로 갈 수 있단 말인가?

당신들은 지옥에 간 사람들은 다시 나올 수 없다고 말한다. 하지만 당신들은 지옥에 떨어진 사람들이 세상에 나타났다는 이야기들을 하고 있다. 이걸 어떻게 이해하란 말인가?

아, 나는 정말로 악마들을 죽여 버리고 싶다! 나쁜 짓을 너무 많이 저지르기 때문이다! 그렇지만 악마들이 사람처럼 생겼다면, 그리고 그들이 사람들 틈에 섞여 있다면, 그들은 여전히 지옥의 불길을 뜨겁다고 느끼고 있는 것인가? 그들이 신을 거스른 행위를 뉘우치지 않는 것은 왜 그런 것인가? 그들이 회개한다 해도 신은 자비를 베풀지 않을 거란 말인가? 우리 주님께서 모든 죄인들 때문에 고통을 받고 계시다면, 왜 그들은 주님에게 용서를 받지 못하는가?

당신들은 예수의 어머니인 성스러운 처녀가 신이 아니라고 말한다. 또 그녀는 신을 거스른 적이 없다고 말한다. 그러면서 또 그녀의 아들이 모든 사람들을 죄에서 구원해 주고 모든 죄를 씻어 준다고 말한다. 하지만 그녀가 잘못한 게 전혀 없다면 그녀의 아들이 그녀를 죄에서 구해 줄 수가 없다. 그녀의 죄를 씻어 줄 수도 없다.

12~15세 정도의 젊은 '미개인' 신학생이
1630년대 후반에 제수이트파의 신부 폴 르 쥔에게 한 말

우리는 현명한 어른들을 '아버지'라고 부른다. 그분들은 자신들의 장점인 현명함을 여전히 잃지 않았다. 당신들은 자신들을 그리스도 교도라고 부르는가? 그렇다면 당신들이 구원자라고 부르는 그리스도의 종교가 당신들의 영혼에 영감을 불어넣어 주고 당신들의 행동을 이끌어 주는가? 절대로 그렇지 않다.

그예수에 대해 기록한 것을 보면 그는 상한 갈대를 절대로 꺾지 않는다고 한다. 그렇다면 당신들 자신을 그리스도 교도라고 부르지 마라. 당신들이 세상에 대고 스스로를 위선자라고 선언하는 꼴이 되기 때문이다. 또 다른 종족을 야만인이라고 부르지 마라. 당신들이 그들보다 열 배나 더 잔인한 인간들이기 때문이다.

조지프 브랜트(타엔다네게아) ❖ 모하크족

백인들이 그렇듯, 우리들 중에도 진리의 길이 무엇인지 아는 척하는 자들이 있다. 그자들은 대가를 받지 않고는 그걸 보여 주려 하지 않는다! 나는 그들이 알고 있다는 진리의 길을 믿지 않는다. 하지만 누구나 자신만의 길을 만들어 나가야 한다는 것은 믿는다.

검은매 ❖ 소크족

◎)(◎

우리는 교회가 들어서는 것을 원치 않는다. 교회는 신에 관한 문제로 서로 싸우는 것만 가르칠 것이기 때문이다. 가톨릭과 프로테스탄트들이 그러하지 않는가. 우리는 그런 걸 배우고 싶지 않다.

우리도 때로는 이 지상의 문제로 사람들과 싸우기도 한다. 하지만 우리는 신에 관한 문제로는 절대로 싸우지 않는다. 우리는 그런 것은 배우고 싶지 않다.

조지프 추장 ❖ 네즈퍼스족

◎)(◎

위대한 영이 그의 부족민을 어느 곳에 내려놓으시든 그들은 살아 있다는 것에 만족하고 위대한 영이 주신 선물에 감사해야 한다고 생각한다. 위대한 영이 어느 곳에 사람들을 풀어놓으시든 그들은 그곳에 사는 사람들을 몰아내서는 안 된다고 생각한다. 그 부족민들이 원래 살던 데보다 더 좋은 곳이 되어야 하는데 다른 사람을 몰아내서야 되겠는가!

다른 사람을 몰아내고 자신들만 자리 잡고 살겠다는 태도는 우리들의 사고방식으로는 용납할 수 없는 것이다. 나는 백인들과 교류하면서 그들의 종교에서 '다른 사람들이 너에게 해주기를 바라는 대로 너도 그 사람들에게 그대로 해주어라!'라는 큰 원칙 하나를 배웠다. 그러나 우리 인접 지역이나 우리 땅 안에 자리 잡은 정착민들은 이 원칙을 전혀 고려하지 않는 듯하다. 그들의 행동만으로 판단하자면 그렇다.

내 견해는 이러하다. 우리가 이성을 갖고 있는 한, 무엇이 옳고 그른지는 이성에 근거해 판단해야 한다. 그리고 옳다고 믿는 길로 가야 한다.

우리가 백인들처럼 생각하고 행동하는 것이 위대하고 선한 영이 바라는 바였다면, 그는 어렵지 않게 우리의 생각을 바꿀 수 있었을 것이다. 그러면 우리는 백인들처럼 보고, 생각하고, 행동했을 것이다. 우리에게는 위대한 영을 거스를 만한 힘이 전혀 없다. 우리는 그것을 느끼고 알고 있다.

검은매 ❖ 소크족

위대한 영이신 '와칸 탄카Wakan Tanka'에게서 위대한 통합의 생명력이 나왔다. 이 생명력은 평원의 꽃, 불어오는 바람, 바위, 나무, 새, 동물들 같은 만물 속에 흘러 들어가 넘쳐 나왔다. 똑같은 생명력이 최초의 인간에게 숨결을 불어넣어 주었다. 그러므로 모든 사물은 형제와 같았다. 그것들은 모두 위대한 영의 힘이 길러 낸 것이었다.

땅과 하늘과 물에 있는 모든 사물들이 형제라는 것은 진실이며 현재도 적용되고 있는 법칙이다. 동물과 새들에게서는 그들과 어울려 사는 라코타족을 안전하게 보호해 주는 형제 같은 기운을 느낄 수 있었다. 라코타족의 어떤 부족민들은 깃털이 있거나 몸에 털이 난 이런 친구들과 매우 가까워졌다. 그러면 진정한 형제가 되어 서로 말이 통했다.

동물에게도 권리가 있었다. 인간의 보호를 받을 권리, 살아갈 권리, 새끼를 칠 권리, 자유를 누릴 권리, 인간에게 신세를 질 권리 같은 것이 있었다. 그런 권리를 인식하고 있었기에 라코타족은 결코 동물을 노예처럼 부리지 않았다. 음식과 옷이 부족하지 않은 생활을 언제나 동물들과 함께 누렸다.

이런 식으로 살아가며 서로 관계를 맺는 것은 지극히 인간다운 것이었다. 이렇게 산 덕분에 라코타족에게는 변함없는 사랑이 넘쳤다. 이렇게 산 덕분에 라코타족의 생활은 매우 즐겁고 신비스러웠다. 이렇게 산 덕분에 라코타족은 평생 존경을 받으며 살았다. 이러한 삶의 방식 덕분에 세상 만물이 서로에게 똑같이 중요한 존재라고 생각하며 살 수 있었다.

라코타족은 어떤 피조물도 무시할 수 없었다. 모두가 형제였기 때문이다. 같은 손으로 만들어졌기 때문이다. 위대한 영의 본질을 안에 간직하고 있었기 때문이다. 라코타족은 겸손하고 유순했다.

"마음이 유순한 자는 복이 있나니, 그들은 땅을 유산으로 상속받을 것이니라." 이것이 라코타족의 진리였다. 그들은 대지에게서 오래전에 잊힌 숨겨진 것들을 상속받았다. 또렷한 정신, 꾸미지 않은 자연스러움, 인간적인 따스함을 그들은 종교처럼 귀중히 여겼다.

'서있는곰' 루서 추장 ❖ 오글랄라 수우족

◎)+(◎

우리의 조상인 위대한 영이시여, 한 번 더 대지 위에 서 있는 저를 내려다보십시오. 미약한 제 목소리에 귀를 기울여 주십시오. 맨 처음에 당신이 살고 계셨습니다. 그때는 궁핍함도 없었고 기도도 필요 없었습니다. 만물이 모두 당신의 소유였습니다. 두 발 달린 것이나 네 발 달린 것, 하늘을 나는 날개 달린 것이나 살아 있는 푸른 것 모두 당신의 소유였습니다.

당신은 대지 곳곳에 골고루 힘을 미치고 계십니다. 제가 험난하지 않은 길과 험난한 길을 건너도록 해주십시오. 대지의 힘이 그곳에 미칠 때, 그곳은 성스러워집니다. 날이 오고 날이 가도 영원히 당신은 만물의 생명력이십니다.

검은사슴 ❖ 오글랄라 수우족

어떻게 땅을 사고판단 말인가?

위대한 영이 인디언들의 땅에 내려 주신 것을 백인들은 하나도 좋아하지 않았다. 그들은 무엇이든지 변질시켜 버리는 놀라운 기술을 지니고 있었다. 숲이 무성히 자라고 있는 곳은 어느 곳이나, 동물이 조용히 쉬면서 보호받을 수 있는 곳은 어느 곳이나, 네 발 달린 짐승들이 살고 있는 땅은 어느 곳이나 백인에게는 '길들여지지 않은 야생의 상태'이다.

하지만 라코타족에게는 야생 상태란 없었다. 자연은 길들여야 할 위험한 곳이 아니라 인간을 기쁘게 받아들여 주는 쾌적한 곳이었다. 접근 금지 구역이 아니라 친숙한 곳이었다. 덕분에 라코타족의 철학은 건강했다. 두려움이 없었고 독선적이지도 않았다. 나는 여기서 인디언의 믿음과 백인의 믿음 사이에는 커다란 차이가 있음을 알았다. 인디언은 인간과 환경이 조화를 이뤄야 한다고 믿었다. 백인은 환경을 지배해야 한다고 믿었다.

모든 물건을 서로 나누면서 살고 만물을 사랑으로 대한 이들은 자연스럽게 자신들이 물건을 어느 정도 차지해야 적절한지를 알게 되었다. 반대로 세상 만물을 두려움으로 대한 이들은 그것들을 정복해야 할 필요성을 느꼈다.

어떤 이들에게는 세상이 아름다움으로 가득 찬 곳이었다. 그러나 어떤 이들에게는 세상이 도저히 참을 수 없는 죄악과 추악함으로 가득한 땅이었다. 그들은 다른 세상으로 가서 그곳에서 반은 인간, 반은 새의 형상을 한 날개 달린 짐승이 되는 수밖에 없었다. 그들은 신이 만든 세상을 변화시키기 위해서 신이 주신 신비로운 힘을 쉴 새 없이 쏟아부었다. 사악한 인간들을 벌하시라고 신에게 쉴 새 없이 간청했다. 신의 빛을 대지 위에 비춰 주시라고 쉴 새 없이 빌었다. 이들이 그들과 다른 생각을 가진 사람들을 이해할 수 없었던 것은 놀라운 일이 아니다.

하지만 라코타족의 나이 든 어른들은 현명했다. 그들은 자연을 떠나서 살면 인간의 마음이 사나워진다는 것을 알고 있었다. 생명을 존경하지 않으면 곧 사람도 존경하지 않게 된다는 것을 알았다. 그래서 그들은 아이들이 자연의 부드러운 영향을 받으며 자라게 했다.

'서있는곰' 루서 추장 ❖ 오글랄라 수우족

◎)+(◎

우리 추장들 중 어떤 분들은 이 땅이 우리들 것이라고 주장하고 있다. 그러나 위대한 영이 내게 말해 준 내용은 그와 다르다. 위대한 영은 대지는 자신의 것이라고 했다. 그러므로 누구도 땅을 소유할 수 없다고 했다. 나는 백인들을 만나 회의를 할 때마다 이것을 잊지 않고 반드시 말해 주었다.

카네쿠크 ❖ 키카푸족의 예언자

◎)+(◎

어느 부족에게도 팔 권리가 없다. 같은 부족민들끼리도 사고팔 수 없다. 더구나 낯선 부족들끼리는 더욱 그렇다. …… 그런데 자기가 태어나서 살아온 땅을 팔다니! 땅은 팔아먹으면서 왜 공기나 너른 바다는 팔아먹지 않는가? 위대한 영은 그 모든 것들을 그의 자손들이 사용하도록 만들지 않았는가?

테쿰세 ❖ 쇼니족

◎)+(◎

이것은 내 할아버지의 할아버지가 우리들을 위해 직접 집을 만들어 주신 다음 그 집에서 해주신 말씀이다. …… 이것은 정신적 지도자가 그분께 해주신 말이기도 하다. "때로는 너희들에게 낯선 사람이 찾아올 때도 있을 것이다. 너희들이 알아들을 수 없는 말을 하면서. 그는 너희들에게서 땅을 사려고 할 것이다. 하지만 팔지 마라. 너희 후손들에게 물려주기 위해 그것을 지켜야 한다."

아시네웁 ❖ 붉은 호수의 오지브웨족

◎)(◎

땅은 사고팔 수 없다는 것이 내 이성적인 판단이다. 위대한 영은 땅에 기대어 생활하고 생존에 필요한 만큼만 경작하라고 자신의 자식들에게 그것을 주셨다. 그래서 그 땅을 차지하고서 경작을 하는 동안에만 그 땅에 대한 권리를 갖는다. 하지만 그것을 아무렇게나 버려두면 다른 사람이 그곳에 자리 잡고 살 권리를 갖게 된다. 들고 갈 수 있는 물건을 빼고는 아무것도 팔 수 없다.

검은매 ❖ 소크족

◎)(◎

어떤 백인이 내게 와서 이렇게 말했다고 생각해 보자. "조지프, 난 당신 말이 마음에 들어요. 사고 싶어요."

나는 그 사람에게 이렇게 말한다. "안 돼, 내 말은 내가 타고 다니기에 딱 좋게 길들여 놨어. 팔지 않을 거야."

그런데 그 사람이 내 이웃에게 가서 이렇게 말한다. "조지프가 좋은 말을 가지고 있어요. 그걸 사고 싶어요. 그런데 팔지 않겠대요."

내 이웃이 이렇게 말한다. "나한테 돈을 줘. 그럼 내가 당신한테 조지프의 말을 팔아줄게."

그 백인이 나에게 돌아와서 말한다. "조지프, 내가 당신 말을 샀어요. 나한테 말을 내줘야 해요."

우리가 우리 땅을 정부에 팔았다고 하는데, 그렇다면 정부는 우리 땅을 이런 식으로 산 것이다.

조지프 추장 ❖ 네즈퍼스족

이 땅에는 엄청나게 많은 목재와 소나무, 참나무가 있다. 백인들에게 쓸모가 많은 것들이다. 백인들은 그것을 외국으로 보내 많은 돈을 받는다. 이 땅에는 들소와 말이 먹을 풀이 많다. 돼지 먹이로도 좋은 게 많다. 이 땅에서는 담배를 많이 재배하고 있다. 이것으로도 역시 많은 돈을 벌 수 있다. 백인들은 개울까지도 귀중하게 생각한다. 이 땅에서 자라는 밀과 옥수수를 물레방아로 빻기 위해서다. 죽은 소나무는 송진을 얻을 수 있기 때문에 소중하게 여긴다.

이 모든 것들은 아무리 팔아먹어도 없어지지 않는다. 하지만 인디언들이 그들의 땅에서 가져온 물건들은, 얼마 되지도 않지만 한두 계절 안에 썩어서 없어져 버린다.

백인들은 우리 땅이 우리에게 아무런 도움도 되지 않는다고 말했다. 그러나 계속 우리가 우리 땅을 내놓지 않고 보호한다면, 그곳에는 늘 칠면조와 사슴이 살 것이고, 개울에는 물고기가 살 것이다. 그것은 우리 뒤를 이어 이 땅에 살 젊은이들을 위한 것이다. 우리가 우리 땅에서 물러서지 않는다면 백인들은 우리가 묻힐 만한 정도의 작은 땅에서도 살지 못하게 하지나 않을지 걱정된다.

두배나큰머리 추장 ❖ 크리크족

우리는 우리 땅이 지금은 값이 더 올랐다고 알고 있다. 백인들은 우리가 그 땅의 가치를 모른다고 생각한다. 하지만 우리는 그 땅이 영원히 변치 않는 가치를 지니고 있음을 알고 있다. 그 땅을 파는 대가로 물건 몇 가지를 받아 봐야 그것은 곧 없어져 버린다.

카나사테고 ❖ 여섯 부족들의 조약 협상에서

◎)*(◎

워싱턴에 갔을 때 당신들의 재물 창고에 들어가 보았다. 우리 젊은이 몇 사람과 같이 갔었는데 아무도 그곳에서 돈을 꺼내 오지 않았다. 그런데 당신들의 위대한 조상이라는 사람들이 이 땅에 들어왔을 때, 그들은 우리들의 재물 창고에 들어와 돈을 꺼내 갔다.

키가 큰 만단족 사람 ❖ 수우족

◎)*(◎

어린 시절, 나는 미시간에 있는 아주 오래된 커다란 숲을 보고 깊은 상처를 받았다. 우리 조상들은 그 숲 그늘 아래에서 살다가 거기에 묻혔다. 그런데 대초원이 불길 앞에 쓰러지듯 문명이라는 엄청난 회오리바람 앞에 쓰러져 버리고 말았다.

그 시절에 나는 우리 부족의 발자국이 남긴 구불구불한 길을 따라 수천 킬로미터를 여행했다. 소리 하나 들리지 않을 만큼 고요한 야생의 숲을 지났다. 새들의 노래를 들으며 울창한 숲을 뚫고 나아갔다. 새들의 노랫소리가 내 머리 위와 주위에 있는 무성한 나뭇잎 속에서 쏟아졌다.

아침 일찍 숲에서 노래 부르는 새들의 이런 귀에 익은 노랫소리를 지금은 거의 들을 수 없다. 다 사라져 버렸기 때문이다.

이제는 다른 새들의 노랫소리가 들린다. 문명이 발전하면서 함께 들어온 새들이다. …… 야생의 숲 속에 사는 새들의 노래를 듣던 것처럼 우리 조상들은 숨을 멈추고 문명을 따라 들어온 새들이 함께 노래하는 것을 들었다. 새들은 어떤 새들이나 제 노래를 자랑하지 않는다. 다른 새들의 노래를 부러워하지도 시기하지도 않는다. 숲에서나 들에서나 똑같이 노래한다. 인디언의 천막 안에서나 높다란 성 안에서나 똑같이 노래한다. 야만인 앞에서나 지혜로운 사람 앞에서나 똑같이 노래한다. 부족의 추장 앞에서나 왕 앞에서나 똑같이 노래한다.

사이먼 포카곤 추장 ❖ 포타와토미족

우리는 백인들이 우리들의 삶의 방식을 이해하지 못하고 있음을 잘 안다. 백인들에게는 이 땅의 어떤 부분이 다른 부분들과 다를 바가 없다. 그들은 밤중에 찾아와 자신에게 필요한 것은 뭐든지 빼앗아 가는 나그네이기 때문이다. 그들은 대지를 형제라고 생각하지 않는다. 적이라고 생각한다. 그래서 대지를 차지하고 나면 자기 조상들의 무덤을 남겨 놓고는 떠나 버린다. 그들의 후손들은 뭘 물려받아야 할지 모른다.

시애틀 추장 ❖ 수콰미시족과 두와미시족

늙어 가는 나무에 죽은 가지가
하나도 없었으면 좋겠는가?

나는 대초원에서 태어났다. 그곳은 바람이 거칠 것 없이 자유롭게 불어 대는 곳이다. 햇빛을 막을 만한 것이 아무것도 없는 곳이다. 나는 가로막힌 곳이 전혀 없는 그곳에서 태어났다. 모든 것이 자유롭게 숨 쉬는 그곳에서 태어났다.

나는 죽을 때도 그곳에서 죽기를 원한다. 벽으로 가로막히지 않은 그곳에서.

열마리의곰 ❖ 얌파리카 코만치족

태어나서 나흘이 되기 전에 아이가 죽으면 슬퍼하는 일은 닷새를 넘기면 안 된다.

그런 다음 슬픈 일을 당한 그 집에 어린 소년 소녀들을 모아 장례식을 치러 줘야 한다. 그때 한 분이 나와 아이들에게 웅변을 해야 한다. 다시 한 번 기뻐하라고 일러 줘야 한다. 죽음 때문에 아이들이 슬퍼하더라도.

그래야 검은 구름이 걷히고 하늘이 다시 푸르러진다. 그리고 아이들은 다시 햇볕을 쪼일 수 있다.

5부족 연맹 헌법

◎)(◎

내 전사들이 전투를 하려고 할 때는 전사의 수가 너무 적어 보인다. 내 전사들이 죽고 나면 그 수가 너무 많아 보인다.

헨드리크 ❖ 모하크족

◎)(◎

뭐라고! 당신은 숲 속에 말라죽은 나무가 하나도 없고 늙어 가는 나무에 죽은 가지가 하나도 없었으면 좋겠다고 생각하는가?

일흔 살 먹은 휴론족 노인

◎)(◎

슬퍼하지 마라. 불행한 일은 세상에서 가장 현명하고 뛰어난 사람에게도 일어나게 되어 있다. 죽음은 계절과 상관없이 언제나 찾아들게 되어 있다. 이것은 위대한 영의 명령이다. 모든 부족민은 이 명령에 복종해야 한다. 지나가 버린 일과 막을 수 없는 일 때문에 슬퍼해서는 안 된다. …… 불행한 일들이 우리에게만 특별히 많이 일어나는 것은 아니다. 그런 일은 어디서나 벌어진다.

커다란사슴 ❖ 오마하족 추장

◎)(◎

노년기는 그저 기쁘기만 한 때여서, 늙은 어른들은 햇볕 내리쬐는 문 앞에 앉아 아이들과 함께 햇볕을 받으며 놀다가 잠이 든다. 그러다 그분들은 그 잠에서 깨어나지 못하는 것일 뿐이다.

제임스 페이티아모 ❖ 아코마 푸에블로족

내가 가진 것들을 사랑하는 것이 잘못인가?

내가 어린 소년이었을 때는 세상은 모두 수우족들 차지였다. 수우족의 땅에서 해가 뜨고 수우족의 땅으로 해가 졌다. 전투를 벌일 때면 1만 명이나 되는 전사들이 쏟아져 나왔다.

그 전사들은 지금 다 어디에 있는가? 누가 그들을 모조리 죽여 버렸는가? 우리 땅은 어디로 갔는가? 누가 우리 땅을 차지하고 있는가?

나에게 자기 땅이나 자기 돈을 훔쳤다고 말할 수 있는 백인이 있는가? 하지만 그들은 나를 도둑놈이라고 한다.

마을에서 떨어진 곳에 홀로 살다가 나에게 붙잡혀 모욕을 당한 백인 여성이 있는가? 하지만 그들은 나를 품행이 나쁜 인디언이라고 한다.

내가 술에 취한 것을 본 백인이 있는가? 굶주렸을 때는 나에게 와서 양식을 얻어 놓고는 나를 굶주리게 버려둔 게 누군가? 내가 내 아내를 때리거나 아이들을 심하게 다루는 것을 본 적이 있는가? 내가 어긴 법은 어떤 법인가?

내가 가지고 있는 것들을 사랑하는 것이 잘못인가? 피부가 붉기 때문에 내가 하는 짓이 사악한가? 내가 수우족이기 때문인가? 내 아버지가 살던 땅에서 태어났기 때문인가? 내가 내 부족과 부족민을 위해 죽으려고 하기 때문인가?

앉아있는황소 ❖ 테톤 수우족

우리가 발을 딛고 서 있는 이 땅은 성스러운 땅이다. 이것은 우리 조상들의 살과 피다. 워싱턴에 있는 백인들의 위대한 어른은 긴 칼과 소총으로 무장한 군대를 보내 이 대평원에서 인디언들을 몽땅 학살했다. 죽은 이들은 대부분 저 언덕 위에 잠들어 있다. 그곳은 긴 머리의 백인 추장 파하스카조지 커스터 장군가 매우 용감하게 싸우다 쓰러진 곳이다.

태양이 몇 번 더 지나가면 그 후로는 이곳에서 우리를 더는 보지 못할 것이다. 우리의 살과 뼈는 이 변함없는 평원과 섞일 것이다. 부족회의 모닥불 불꽃이 사위어 가는 환영 속에 재가 식어 하얘지는 것이 보인다. 천막의 지지대를 휘감고 소용돌이치며 올라

가는 모닥불 연기가 더는 보이지 않는다. 식사를 준비하는 여인들의 노랫소리가 더는 들리지 않는다.

영양은 사라져 버렸다. 들소가 뒹굴던 진흙탕은 텅 비어 있다. 코요테가 슬피 우는 소리만 들릴 뿐이다. 백인들의 약은 우리가 쓰는 약보다 강하다. 그들의 철마철도 기관차는 들소가 떼 지어 다니던 길 위를 달리고 있다. 백인들은 '속삭이는 영전화'을 통해 우리에게 말을 전한다.

우리는 날개 부러진 새와 같다. 내 안에 있는 심장은 차갑게 식어 버렸다. 내 눈은 점점 침침해지고 있다. 나는 늙은 것이다.

전투용곤봉이많은 추장 ❖ 크로족

들소가 사라지자 우리 부족의 가슴은 무너져 내리고 말았다. 이제 다시는 추스를 수가 없다.

그 이후로는 아무 일도 일어나지 않았다. 어디에서도 노랫소리가 들리지 않았다.

전투용곤봉이많은 추장 ❖ 크로족

우리 마을에 살던 노인들이 생각난다. 아주 늙은 그 노인들은 백인들이 몰려올 것이라는 예언을 자주 했다. 그분들은 집 안의 흙바닥을 지팡이로 톡톡 두들기면서 아직 어렸던 우리에게 소리쳤다.

"들어 보아라! 들어 봐! 회색 눈의 사람들이 점점 가깝게 더 가깝게 다가오고 있다. 그들은 쇠로 된 길을 닦고 있어. 그들은 날마다 점점 가까이 다가오고 있다. 너희들이 그 사람들과 섞여 살게 될 때가 올 것이다. 회색 눈들이 너희들에게 뜨겁고 검은 물커피을 마시게 하려고 할 때가 바로 그때다. 그러면 너희들은 음식을 먹을 때마다 그걸 마시게 될 것이다. 그리고 너희들의 이빨이 삭을 것이다.

그들은 너희들이 어릴 때부터 담배를 피우게 할 것이다. 그러면 바람이 부는 날에는 너희들 눈에서 눈물이 줄줄 흐를 것이다. 시력은 형편없이 나빠질 것이다. 느릿느릿 부드럽게 움직이고 싶다는 생각이 들 때쯤 너희들의 관절은 부서질 것이다.

너희들은 푹신한 침대에서 자게 될 것이다. 그러면 아침 일찍 일어나고 싶지 않을 것이다. 무거운 옷을 입고 무거운 덮개를 덮고 자기 시작하면 너희들은 점점 게을러질 것이다. 그러면 너희들이 이 계곡을 걸어도 더는 노랫소리가 들리지 않을 것이다.

쇠로 된 막대로 음식을 먹기 시작하면, 너희들의 목소리는 점점 높아질 것이다. 점점 더 큰 소리로 말하게 되고 부모를 설득하려 들 것이다. 너희들은 점점 순종하지 않게 될 것이다. 너희들이 회색 눈의 사람들과 섞여 살게 되면 그들의 방식을 배우게 될 것이다. 그러면 너희들은 가정을 파괴하고 살인하고 도둑질하게 될 것이다."

이런 일들은 모두 현실이 되었다. 그래서 나는 우리 세대와 나이 든 어른들 세대를 비교해 보지 않을 수 없었다. 우리들은 그분들보다 착하지 않다. 우리들은 그분들보다 건강하지 않다.

앞으로 무슨 일이 닥칠지 그 어르신네들은 어떻게 알았을까? 나는 그것이 알고 싶다.

제임스 페이티아모 ❖ 아코마 푸에블로족

나는 이제 늙은 할망구가 되었다. 들소와 검은꼬리사슴은 다 사라지고 없다. 우리 인디언들이 살아가던 방식도 거의 다 사라졌다. 가끔 내가 인디언식으로 산 적이 있다는 사실이 내 스스로도 믿기지 않을 때가 있다.

조그맣던 내 아들은 백인들 학교에 다니면서 많이 자랐다. 녀석은 책을 읽을 줄 안다. 가축도 키운다. 농장도 가지고 있다. 이제는 히다차족의 지도자가 되어, 백인식으로 살라고 부족민들을 가르친다.

아들은 내게 친절하게 대한다. 우리는 이제 맨땅 위에 세운 천막집에서 살지 않는다. 굴뚝이 있는 집에서 산다. 며느리는 조리용 난로에서 요리를 한다.

하지만 나는 옛 삶의 방식을 잊을 수 없다. 여름에는 자주 새벽녘에 깨어 몰래 밖으로 나와 옥수수 밭으로 간다. 밭에 괭이질을 하며 옥수수에게 노래를 불러 준다. 내가 젊었을 때 여자들이 하던 대로 말이다. 이제 우리들이 부르던 옥수수 노래에는 아무도 관심을 기울이지 않는다.

저녁이면 나는 광대한 미주리의 땅을 바라보며 앉아 있을 때가 많다. 해가 떨어지고 물 위로 먼지들이 가라앉는다. 석양의 그늘 아래서 우리 인디언들의 마을을 다시 본 듯한 착각을 한다. 천막집에서 연기가 호르르 날아올라 간다. 콸콸 흐르는 강물 소리에서 나는 전사들이 외치는 소리를 듣는다. 노인들의 웃음소리에 섞인 어린아이들의 웃음소리도 듣는다.

이건 늙은 할망구의 꿈일 뿐이다. 내가 보고 듣는 것은 그저 그림자일 뿐이고 강물이 흐르는 소리일 뿐이다. 눈에 눈물이 차오른다. 나는 알고 있다. 우리 인디언들의 삶이 영원히 사라져 버렸다는 것을.

와히니 ❖ 히다차(노스다코타)족

임종이 가까워진 할아버지는 시간이 지날수록 점점 더 기력이 떨어졌다. 어느 날 아침, 차를 떠서 드리자 할아버지는 이미 바닥난 힘을 긁어모아 입을 축이셨다. 그리고 나서 내 손을 어루만지셨다. 할아버지의 손길을 통해 그분의 강한 정신력을 느낄 수 있었다. 이어 힘겹게 입을 떼셨다.

"타코자, 마카 위초니 킨 헤체나 크텔로."

그건, "애야, 삶은 계속된다."라는 뜻이다.

약한 음성으로 말씀하셨지만, 그 말씀은 선연하게 내게 들어와 나는 삶의 또 다른 진실과 직면할 수 있었다.

그래도 삶은 계속된다.

들소가사랑해 ❖ 수우족

자기 키보다 열 배나 높은 집이 왜 필요한가?

　백인들이 살아가는 방식 중에는 우리가 이해할 수 없는 것이 많다. …… 그들은 글을 엄청나게 많이 쓴다. 사방에 종이가 널려 있다.
　백인들은 종이에 신비로운 힘이 있어서 그 힘이 세상을 살아가는 데 도움이 된다고 믿는 것이 틀림없다. 인디언들은 글을 쓸 필요를 느끼지 않는다. 진실한 말이란 가슴속 깊은 곳에 가라앉아 있기 때문이다. 그곳에서만 머문다. 인디언들은 진실한 말을 결코 잊어버리지 않는다. 백인들은 그와 반대다. 종이를 잃어버리면 그들은 어떻게 할 수가 없다. 모든 것이 허사가 되어 버린다.
　나는 백인 목사가 이렇게 말하는 것을 들었다. "위대한 책에 기록되지 않은 자는 절대로 하늘나라에 들어갈 수 없다!"

네자루의총 ❖ 오글랄라 수우족

나는 정말 놀랐다. 프랑스 사람들이 그렇게 무식할 줄이야. 그들은 지지대와 가죽으로 만든 천막을 돌과 나무로 만든 집으로 바꾸라고 우리를 설득하는 중이다. 그 집은 우리 주변의 나무들만큼이나 높다. 아주 좋지! 하지만 고작 대여섯 자 정도의 인간에게 자기 키의 열 배가 넘는 예순 자나 일흔 자 높이의 집이 왜 필요한가?

당신들이 자기들 집에서 하는 일을 우리가 우리들 집에서 하면 불편하다는 것인가? 쉬고 싶을 때 쉬고, 마시고 싶을 때 마시고, 자고 싶을 때 자고, 먹고 싶을 때 먹고, 친구들과 즐겁게 지내고 싶을 때 지낼 수 없다는 것인가?

인디언들은 천막을 가지고 다닌다. 그래서 원하는 곳이면 어디든지 그곳에 머물 수 있다. 세상 모두가 우리 집이라고 할 수 있다. 어디로 가든 아주 쉽게 천막을 세울 수 있기 때문이다. 누구에게 허락받을 필요도 없다. 프랑스 사람들이 이런 인디언들보다 머리가 좋다는 말인가?

당신들은 우리에게 와서 우리 고향은 프랑스에 비하면 지옥 같은 곳이라고 이야기한다. 비교하자면 프랑스는 지상의 천국이라나. 그런데 행동거지도 아주 마뜩잖다. 그 말이 사실이라면, 당신들은 왜 여기를 떠나지 않는가? 왜 아내와 아이들과 친척과 친구들을 버려두고 이곳에 왔는가?

쉬지 않고 일해서 고생스럽게 먹고살 만한 것들을 얻어야만 하는 사람. 편안하게 쉬다가 즐겁게 사냥과 낚시질을 하면서 필요한 것은 뭐든지 찾는 사람. 이 둘 중 어느 쪽이 더 현명하고 행복한가?

형제여, 이제 확실하게 배워라. 내가 당신에게 마음을 열고 분명히 알려 주지 않았는가. 프랑스 사람들보다 한없이 더 행복하고 훨씬 더 힘세다고 생각하지 않는 인디언은 없다고 말이다.

미크마크족 추장(1676)

영국 사람들은 대체로 품위 있고 마음이 넓다. 거리낌 없이 행동하고 생각한다. 자기네들이 누리는 시민의 권리와 종교의 자유를 매우 자랑스럽게 생각한다. 자신들의 학식, 관대한 마음, 물건 만드는 솜씨, 장사 솜씨도 자랑스럽게 생각한다. 그리고 그 사람들은 자기 나라가 최고라고 생각한다.

내 생각에는 영국 사람들보다 새로운 것을 좋아하는 사람들은 없는 것 같다. 그 사람들은 외국 사람들을 찬찬히 바라본다. 마치 달나라에서 갑자기 뚝 떨어진 사람이라고 생각하는 듯하다.

영국인들은 정말 부지런하다. 대체로 정직하고 공정하다. 하지만 장삿속이 너무 지나쳐 이익만 좇는 세속적인 성향을 갖게 된 듯하다. 때문에 그들은 자신들의 영혼이나 신에 대해서는 깜빡하고 깊이 생각하지 않는다.

그들의 좌우명은 "돈, 돈, 돈을 잡아라. 부자가 되어라. 신사가 되어라."인 것 같다. 이런 생각을 갖고 있다면, 그들이 어느 방향으로 날아갈지 나도 모르겠다. 그저 간절히 바라는 보물들을 찾아 우왕좌왕 날아다니는 벌 떼 같다.

피터 존스 또는 카케와쿠오나비('성스럽게흔들리는깃털') ❖ 오지브웨족

언젠가 나는 빅토리아에 갔다. 거기서 매우 커다란 집을 보았다. 사람들은 그것이 은행이라고 말해 주었다. 백인들은 돈을 거기에 넣어 두고 관리한다고 했다. 그러다가 얼마쯤 시간이 지나면 이자를 붙여서 다시 찾는다고 했다.

우리 인디언에게는 그런 은행이 없다. 하지만 돈이나 담요가 너무 많아지면, 우리는 그것을 다른 추장들이나 다른 부족들에게 나누어 준다. 얼마쯤 시간이 지나면 그 사람들이 다시 이자를 붙여서 되돌려 준다. 그러면 우리는 기분이 좋다. 우리가 서로 나누는 방식이 바로 우리의 은행이다.

마퀸나 ❖ 누트카족 추장

◎)(◎

우리들에게 맨 처음 독한 술을 판 것은 네덜란드 사람들이었다. 그들은 눈먼 자들이었다. 사물을 판별할 눈이 없었다. 그것이 얼마나 심각하게 우리를 해칠지 모르는 자들이었다. 그다음에는 스웨덴 사람들이 왔다. 그들은 계속 우리에게 독한 술을 팔았다. 우리는 술을 좋아한다. 그래서 거절할 수가 없다.

술은 우리를 거칠게 만든다. 술을 먹으면 우리는 우리가 어떤 행동을 하는지도 모른다. 우리는 서로 상대방에게 못된 짓을 한다. 서로가 서로를 불길 속에 던져 넣는다.

지금까지 술을 마시다가 우리 부족 사람들 140명이 죽었다. 술통을 막아 버려야 한다. 아주 단단히 막아 버려야 한다. 낮이건 밤이건 술이 흘러나오지 못하게 해야 한다. 불빛 속에서도 어둠 속에서도 술이 나오지 못하게 해야 한다.

오카니콘 ❖ 델라웨어족

◎)(◎

미국인들은 우리에게 매우 친절했다. 영국인들처럼 거만을 떨지 않았다. 하지만 매사에 아주 끈질겼다.

영국인들보다는 미국인들이 여자들에게 더 정중하게 대했다.

다른 사람의 물건을 보고 비웃거나 갖고 싶어 하지도 않았다. 영국인 노동자들은 부유한 사람들을 보면 '거물'이라고 불렀다. 그런데 미국인들은 '일류'라고 불렀다.

담배를 피우거나 신문을 읽을 때면 미국인들은 발을 아무 데나 올려놓았다. 책상이건 의자건 벽난로 선반이건 가리지 않았다. 그들은 영국 사람들보다는 격식에 얽매이지 않았다. 그들은 편안한 것을 좋아했다. 일광욕을 할 때면 한쪽 다리를 다른 쪽 무릎 위에 올려놓는 게 우리 인디언들과 비슷했다.

자연스럽게 하는 것이 억지로 하는 것보다 더 편하다. 그게 진짜 편안한 것이다.

조지 헨리 또는 마웅우다우스('엄청난발길질') ❖ 오지브웨족 감리교 설교가

◎≫◎

나는 백인들 틈에서 저녁을 먹었다. 식사 방식이 우리와 달랐다.

우리는 말을 하지 않고 조용히 먹는다. 그리고 조용히 파이프 담배를 피운다. 그런 다음 헤어진다. 이것이 우리가 주인에게 예의를 차리는 방식이다.

백인들은 그렇지 않다. 식사가 끝나면 누군가가 우스갯소리를 한다. 주인은 그것을 예의 바르다고 생각하는 듯했다.

네자루의총 ❖ 오글랄라 수우족

확실히 그들은 잔인한 종족이다. 그들은 그들 부족민들의 일부를 하인으로 만들었다. 아니, 하인이 아니라, 그렇지, 노예다! 인간을 노예로 부리다니, 우리로서는 도무지 믿을 수 없는 일이다. 하지만 백인들은 전혀 그렇지 않은 것 같다! 우리 생각에는 백인들이 오래전에 하인들을 검은색으로 칠해 버린 것 같다. 다른 사람과 구별하기 위해서 말이다. 이제 노예들이 아이를 낳자 똑같은 검은 색깔의 아이가 태어나는구나!

백인들은 인생에서 가장 큰 목표가 소유물을 많이 갖는 것, 즉 부자가 되는 것인 듯하나. 그들은 온 세상을 다 갖고 싶어 한다.

30년 동안 백인들은 땅을 팔라고 우리들을 꼬드겼다. 결국에는 백인 병사들이 강제로 빼앗아 갔다. 우리는 아름다운 우리 땅에서 쫓겨나고 말았다.

정말 이상한 족속들이다. 그들은 하루를 시간 단위로 쪼개 놓았다. 한 해를 달로 나누는 것과 같다. 실제로 그들은 모든 것을 재고 따진다. 순무가 돈이 안 된다면 밭에 순무가 그렇게 많이 자라고 있는 걸 가만 놔두지 않을 것이다. 때때로 사회 명사들이 잔치를 열어 많은 사람들을 초대하는 것은 이해할 수 있다. 그러나 잔치가 끝나면 손님들이 그 집을 떠나기 전에 자기가 먹은 만큼의 돈을 내놓고 가야 한다고 한다.

나는 이런 말도 들었으나 전혀 이해할 수 없었다. 백인들의 대추장이 자기가 살고 있는 땅의 값과 온갖 개인 물건들의 값을 모두 부족 사람들에게 지불하라고 했다 한다. 자기가 생활하는 데 필요한 물건들의 값까지 모두 다 부담하라고 했다 한다. 그것도 매년 그래야 한단다. 우리는 절대로 그런 법 아래에서는 살 수 없다.

전쟁 때는 각각 지위가 다른 지휘자와 전쟁 추장을 뽑는다. 보통의 전사들은 짐승 떼거리처럼 앞으로 내몰려 적과 맞서야 한다. 용맹하게 맞서 싸우는 것이 아니라 내몰려서 싸우는 이런 전투 방식 때문에 우리는 그 병사들을 상대로 이겼다 해도 무공을 자랑할 수 없었다. 우리 전사 한 명으로도 떼로 몰려오는 적들에게 많은 피해를 입힐 수 있었다. 그들에게 낯선 지형에서는 더욱 많은 피해를 입힐 수 있었다.

오히예사의 삼촌 ❖ 산티 수우족

우리 일을 대신 봐주는 백인 대리인은 매우 쫀쫀해서 아마로 만든 걸레를 주머니에 넣고 다니면서 코를 푼다. 값나가는 물건들을 재채기로 날려 버릴까 봐 걱정하기 때문이다.

피아포트 ❖ 크리족 추장

◎＊◎

나는 어렸을 때부터 무거운 짐 하나를 등에 지고 다녔다. 그때 나는 우리가 그 짐을 백인들과 함께 질 수 없다는 사실을 깨달았다. 우리는 사슴 같았다. 그들은 회색곰 같았다. 우리들이 사는 땅은 좁았다. 그들이 사는 땅은 넓었다. 우리는 위대한 영이 만들어 놓으신 대로 사물을 보존했다. 백인들은 그러지 않았다. 그들은 강과 산에 적응할 수 없으면 그것들을 자신들에게 맞게 바꿔 버렸다.

조지프 추장 ❖ 네즈퍼스족

◎＊◎

여기서 나는 처음으로 협정에 서명을 했다. 그러나 그 서명이 내가 우리 마을을 포기하는 데 동의하는 것을 뜻한다는 사실을 나는 알지 못했다! 그걸 내게 설명해 주었더라면 나는 반대하지 않을 수 없었을 것이다. 절대로 협정에 서명하지 않았을 것이다. 내 최근의 처신이 그걸 잘 보여 주고 있다. 백인들의 법률과 풍습을 우리가 어떻게 알 수 있었겠는가? 그들은 우리 몸을 사서 조각이라도 냈을 사람들이다. 그런데 우리는 자신이 뭘 하고 있는지도 모른 채 그것을 승인한다는 서명을 했다. 그게 바로 협정에 최초로 서명할 때 나와 우리 부족이 당한 일이다.

우리는 단지 우리의 선악의 기준에 따라서만 뭐가 적절하고 옳은 것인지 판단할 수 있다. 내가 제대로 알고 있다면 그것은 백인들의 기준과는 매우 다르다. 백인들은 평생 나쁜 짓을 할 수 있는 사람들이다. 그런데 곧 죽게 되었을 때 그 나쁜 짓에 대해 미안하다고 하면 그것으로 그만이다!

그렇지만 우리는 다르다. 우리는 평생 동안 옳다고 생각하는 일을 꾸준히 실행하지 않으면 안 된다. 나에게 옥수수와 고기가 있는데 어떤 가족에게는 없다는 걸 알면 우리는 그것을 그들과 나눈다. 나는 담요를 충분히 가지고 있는데 누군가 부족한 사람이 있다면 우리는 모자라는 사람이 원하는 만큼 담요를 나누어 준다.

검은매 ❖ 소크족

형제들이여, 우리에게 돈은 아무런 가치가 없다. 그리고 우리들 대부분은 돈이 뭔지도 모른다. 그 어떤 것으로도 땅을 팔라고 우리를 꾈 수 없다. 우리는 땅에서 여자들과 아이들을 먹여 살릴 것을 얻기 때문이다. 그래서 우리는 한 가지 방법을 제안하고자 한다. 그 방법을 받아들일지 여부에 따라 새로운 정착민들이 쉽게 쫓겨날 수도 있고 쉽게 평화를 얻을 수도 있다.

형제들이여, 우리는 당신네 정착민들이 가난하다는 것을 알고 있다. 가난하지 않다면 오하이오를 가로질러 건너온 이후로 계속 곤란을 겪고 있는 이 땅에서 목숨을 걸고 살려고 하지는 않을 것이다. 그러므로 우리에게 준 이 많은 돈을 정착민들에게 나누어 주라. …… 그러면 그들 대부분은 당신들이 그 사람들에게 판 이 땅 대신에 그 돈을 기꺼이 받을 것이라고 우리는 굳게 믿고 있다.

1793년에 캐나다의 일곱 부족이 보낸 편지

당신들 부족민에게 말하라. 당신들 조상이 우리를 절대 쫓아내지 않겠다고 약속한 이후로 우리는 다섯 번이나 쫓겨났다. 차라리 당신들이 원하는 곳이면 어디든지 그곳으로 보내 버릴 수 있게 인디언들을 차에 태워 두는 편이 더 나을 것 같다.

이름을 알 수 없는 추장(1876)

긴 겉옷, 홀태바지, 가죽신, 곰 발톱 같은 것은 당신들에게는 아무 쓸모가 없다는 걸 모르지 않는다. 하지만 당신들이 그걸 가져가 집 안의 잘 보이는 곳에 간직해 주었으면 한다. 우리가 죽어 땅에 묻혀 뼈만 남았을 때, 우리 후손들이 지금 우리처럼 이곳을 찾을지도 모른다. 그러면 그 물건을 보고 자기 조상들의 것이라는 걸 알고 기뻐하며 지나간 옛 시간들을 떠올릴 것이다.

샤리타리시 ❖ 포니족

◎)(◎

나는 저 백인을 따라가야겠다. 저 사람과 친구가 되겠다. 하지만 허리를 굽혀 그의 짐을 져주지는 않겠다. 나는 코요테처럼 교활해지겠다. 그에게 백인의 방식을 가르쳐 달라고 하겠다. 그런 다음 우리 후손들을 위해 방도를 마련해 놓겠다. 그 아이들은 백인들 방식으로 백인을 앞지를 것이다.

우리에게는 두 가지 방법밖에 없다. 하나는 굶어 죽는 것이다. 다른 하나는 가난한 백인이 살고 있는 곳으로 가는 것이다. 백인들이 갈 수 없는 즐거운 사냥터는 사라져 버렸다.

말부자 ❖ 오글랄라 수우족

문명사회의 법과 규칙 때문에
많은 것을 잃고 있다

인디언들 사이에서는 당신네들이 '문명'이라고 부르는 것의 부족한 면에 대해 많은 말들이 오갔다. 우리들은 당신들의 법률, 종교, 예절, 풍습을 받아들이라는 제안을 많이 받고 있다. 우리는 그런 변화가 적절한 것인지 알 수가 없다. 원리에 대해 설명을 듣거나 그런 주제를 다룬 신문을 보기보다는, 당신들에게 실제로 어떤 좋은 효과가 있었는지 직접 보는 편이 더 나을 것이다.

예를 들어 당신들은 "인디언들도 우리처럼 땅을 경작하면서 사는 게 어떻소?"라고 말한다. 우리는 "백인들도 우리처럼 사냥을 하면서 사는 게 어떻소?"라고 똑같이 예의를 갖춰 물어볼 수 없단 말인가?

낡은장식술 ❖ 체로키족

◎)(◎

백인들이 사는 모습을 생각하면 할수록, 내 생각은 더욱 확실해졌다. 그들은 문명사회의 법과 규칙에 스스로 복종하는 바람에 얻은 것보다는 오히려 잃은 것이 더 많다.

토모치치 ❖ 크리크족 추장

◎)(◎

당신들이 문명화되었다고 일컫는 정부에서는, 제국의 영광을 위해 국민들의 행복을 끊임없이 희생시키고 있다. 그 때문에 당신들의 형사법과 민사법 같은 법체계가 생겨난 것이다. 그 때문에 당신들의 감옥이 생겨난 것이다. 우리에게는 감옥이 없다. 법정에서 거만하게 과시하는 짓도 하지 않는다. 문자로 된 법률도 없다. 하지만 우리들은 판결을 내리는 사람을 매우 존경한다. 당신들이 판사를 존경하는 것보다 더하다. 그분들의 판결은 대단한 존경을 받는다.

우리 중에는 우리 법이 정한 선을 넘을 만큼 막무가내인 놈은 없다. 어떤 나쁜 놈이 대담무쌍하게도 의지할 곳 없는 착한 사람들을 짓밟도록 놔두는 일은 우리에게는 절대로 있을 수 없다. 남편 없이 사는 과부들과 고아들의 땅을 넘보는 사기꾼들은 죽는다.

우리 부족에는 법을 들먹이면서 그것을 핑계로 남의 것을 훔쳐 가는 자가 없다.

조지프 브랜트(타옌다네게아) ❖ 모하크족

◎)(◎

백인들의 정책은 우리를 보호해 준다. 그런데 그것은 새가 겨울 서리에 맞지 않도록 막아 주는 깃털 정도의 역할을 할 뿐이다.

까마귀발 ❖ 블랙피트(검은발)족 추장

◎)(◎

당신네의 도시라는 곳을 보니 이 피부가 붉은 사람들은 눈이 따갑다. 하지만 그건 피부가 붉은 사람들이 야만인이어서 도시를 제대로 알지 못했기 때문에 그랬을 것이다.

백인들의 도시에는 조용한 곳이 없다. 봄에 나뭇잎이 살랑대는 소리를 들을 만한 곳이 없다. 벌레들이 붕붕 날갯짓하는 소리를 들을 만한 곳도 없다. 아마 내가 야만인이라서 도시를 제대로 알지 못했기 때문에 그랬을 것이다. 하지만 도시의 부산한 소리는 귀를 모욕하는 것만 같다.

인디언들은 연못 위를 부드럽게 스쳐 가는 바람 소리를 좋아한다. 한낮에 내린 비에 씻긴 바람의 냄새를 좋아한다. 소나무 향이 가득 밴 바람의 냄새를 좋아한다. 피부가 붉은 우리에게 공기는 매우 중요하다. 세상 모든 것은 숨을 쉬기 때문이다. 동물도, 나무도, 사람도 똑같이 숨을 쉬기 때문이다.

여러 날에 걸쳐서 서서히 죽어 가는 사람처럼, 도시에 사는 사람들은 감각이 마비되어 도시의 고약한 냄새를 맡지 못한다.

시애틀 추장 ❖ 수콰미시족과 두와미시족

◎)(◎

위대한 영은 피부가 흰 사람들에게 미래를 내다보는 통찰력을 주셨다. 그래서 그들은 멀리서도 모든 것을 본다. 그들의 정신은 아주 특별한 것을 고안해 내고 만들어 낸다. 하지만 피부가 붉은 사람들은 근시안으로 만드셨다. 인디언들은 자기 주변의 가까운 것들만 본다. 조상들이 알고 있던 것 말고는 아무것도 모른다.

까마귀의배 ❖ 그로 방트르(앗시나)족 추장

◎)(◎

인디언들을 변화시키려는 백인들의 시도와 그로 인한 혼란은 가장 근본이 되는 영적인 법률을 백인들이 지키지 않아서 생겨난 결과일 뿐이다.

'문명'이란 것이 지금까지 인디언들을 몰아붙여 결국 우리는 보호 구역에 수용됐다. 내가 생각하는 정의란 눈곱만큼도 찾아볼 수 없다. 생명이 살아갈 권리가 전혀 존중받지 못하고 있다. 이것은 진실, 정직, 관대함을 사랑하는 내게는 조금도 도움이 되지 않는다. 라코타족의 신 '와칸 탄카'에 대한 내 믿음도 전혀 고려 대상이 되지 않는다.

그 이유는 이러하다. 그들은 자신들의 위대한 종교를 설교를 통해 시시콜콜히 설명하고, 대단한 학자들을 동원해 자세히 연구하고, 훌륭한 책에 기록하고 아름다운 언어로 된 그 책의 겉장을 다른 책보다 더 좋은 표지로 꾸몄는데도, 모두들 여전히 위대한 영에게 대적하고 있기 때문이다.

'서있는곰' 루서 추장 ❖ 오글랄라 수우족

◉)+◉

백인들의 사진은 모두 희미해진다. 하지만 인디언들의 기억은 영원히 지속된다.

탐험가 톰 윌슨의 인디언 안내서(1882)

사람은 마땅히 있어야 할 곳에 태어난다

백인들은 아메리카를 이해하지 못한다. 그들은 이 땅이 만들어지던 때 아주 먼 곳에 있었다. 그들의 삶의 뿌리는 아직도 바위와 흙을 꽉 움켜쥐지 못한 상태이다.

백인들은 여전히 원시적인 공포에 휩싸여 걱정하고 있다. 그들은 여전히 이 대륙이 미개척지라서 위험에 빠지지 않을까 신경을 곤두세우고 있다. 더듬더듬 나아가며 탐색하고 의심의 눈초리를 거두지 않고 있지만 그런다고 해서 그런 위험들이 사라지는 것은 아니다.

백인들은 타는 듯 무더운 황무지와 아무도 가지 않는 험악한 산꼭대기에서 자기 조상들이 목숨을 잃은 기억 때문에 아직도 덜덜 떨고 있다. 유럽에서 온 사람들은 여전히 외국인이고 이방인이다. 그들은 이 큰 대륙을 가로질러 어디로 가느냐고 묻는 사람들

인디언을 여전히 싫어한다.

하지만 대지의 영은 여전히 인디언들 속에 머물러 있다. 다른 인종들이 그 땅의 리듬을 알아보고 그것을 체험하기까지는 많은 시간이 걸릴 것이다. 사람은 마땅히 있어야 할 곳에 태어나고, 또다시 태어나는 게 틀림없다. 조상들의 뼈가 먼지가 되고 그 먼지가 그들의 육신이 된 게 틀림없다.

'서있는곰' 루서 추장 ❖ 오글랄라 수우족

◉)+(◉

좀 더 많은 시간이 흐르고, 좀 더 많은 겨울이 지나면, 한때 조그맣게 무리 지어 숲 속을 옮겨 다니며 이 땅에 살았던 이 위대한 종족들의 자손은 하나도 남아 있지 않을 것이다. 당신들만큼 강건하고 희망에 차 있던 부족들의 무덤에 와서 슬퍼할 후손이 아무도 없을 것이다.

백인들 역시 사라질 것이다. 아마 다른 종족들보다 더 빨리 사라질 것이다. 당신들이 살아갈 땅을 그만 더럽혀라. 그렇지 않으면 당신들이 쏟아 낸 쓰레기 때문에 숨이 막혀 당신들은 어느 날 밤에 갑자기 죽게 될 것이다.

들소가 모두 도살되었다. 야생마는 모두 길들여져 양순해졌다. 사람의 발길이 닿지 않던 깊은 숲에는 사람 냄새가 진동한다. 둥

그스름한 언덕은 말을 주고받는 전화선으로 지저분해졌다. 덤불 숲은 어디 있는가? 모두 없어져 버렸다. 독수리는 어디 있는가? 모두 사라져 버렸다.

날쌘 짐승과 사냥감에게, 죽어가는 생명과 살아남은 것에게, 뭐라고 작별 인사를 할 것인가? 백인들이 무슨 꿈을 꾸고 있는지, 백인들이 긴 겨울밤에 자기 아이들에게 무슨 얘기를 해주는지, 백인들이 마음속에 어떤 욕망을 불태우고 있는지 우리가 알게 되면, 그래서 그들이 미래가 있기를 바란다는 것을 알게 되면, 우리는 그들의 행동을 이해하게 될지도 모르겠다. 하지만 우리는 미개인들이다. 그래서 우리는 백인들의 꿈을 알 수 없다.

시애틀 추장 ❖ 수콰미시족과 두와미시족

위대한 영이 나를 백인으로 만들고 싶으셨다면, 아마 먼저 그 일부터 하셨을 것이다. 위대한 영은 당신들의 가슴속에 뭔지 모를 소망과 계획을 심어 놓으셨다. 내 가슴속에는 다른 욕망과 계획을 심어 놓으셨다.

위대한 영의 눈으로 보면 사람은 누구나 쓸모가 있다. 독수리를 까마귀로 만들 필요가 없다. 지금 우리는 가난하지만 자유롭다. 백인들은 우리가 가려는 길을 막을 수 없다. 우리가 꼭 죽어야 한다면 우리는 우리의 정당성을 잃지 않고 죽을 것이다.

앉아있는황소 ❖ 테톤 수우족

◎※◎

백인들은 우리 머릿속에 뇌가 없다고 생각한다. 그들은 위대하고 힘이 세다. 그래서 우리와 전쟁을 벌인다. 우리는 그들에 비하면 한 줌밖에 안 되는 존재들이다.

하지만 기억하라. …… 그대들이 방울뱀을 사냥하고 싶다 해도 대개는 찾지 못할 것이다. 방울뱀을 보기도 전에 뱀이 먼저 그대들을 물어 버리고 말 것이다.

신기스 추장 ❖ 델라웨어족

◎※◎

피부가 붉은 사람들은 피부가 하얀 사람들이 다가와도 피하지 않았다. 아침 해가 뜨기 전에 안개가 스러지듯 슬그머니 도망가지 않았다. …… 앞으로 살아갈 날이 줄어들어도 아무런 문제가 되지 않는다. 남아 있는 날은 얼마 되지 않을 것이다.

그러니 내가 우리 부족의 때 아닌 운명을 슬퍼해야 할 이유가 없지 않은가? 당신들이 멸망할 시간은 오랜 뒤에 올 것이다. 하지만 그때는 반드시 온다. 서로 친구나 되는 것처럼 신과 함께 걸으며 이야기를 나눈다는 피부가 하얀 사람들마저도 누구에게나 닥쳐오는 운명을 피할 수 없기 때문이다. 우리는 결국 형제가 될지도 모른다. 우리는 그날을 보게 될 것이다.

시애틀 추장 ❖ 수콰미시족과 두와미시족

◎)(◎

우리 마음속에 융화하고 싶다는 생각이 들 때까지 융화라는 것에 대해 이야기해 보겠는가? 그런 마음이 당신들에게 없다면 당신들은 껍데기만 남은 존재에 불과하다. 그리고 당신들과 우리 사이에는 저 산맥만큼이나 높은 장벽이 막아설 것이다.

댄 조지 추장 ❖ 코스트 살리시족

◎)(◎

피부 색깔이 다르다고 해도 사람은 다 똑같다. 한 사람에게 선하고 올바른 것은 다른 사람에게도 선하고 올바르다. 그래서 위대한 영은 모든 사람을 형제로 만드셨다.

나는 피부가 붉은 사람이다. 하지만 나의 할아버지는 백인이셨다. 이게 뭐가 문제가 되는가? 나를 선하게 만들거나 악하게 만드는 것은 피부 색깔이 아니다.

하얀방패 추장 ❖ 아리카라족

◎)(◎

명예를 지켜나가는 길은 험하다. 희망 없는 우울한 시간이 길어질수록 그 길은 희미해진다. 위대한 영이 그대가 나아갈 길을 환히 비춰 주시기를. 그래서 미국 정부가 힘으로 굴복시켰을 때 내가 느낀 창피를 그대는 절대로 겪지 말기를. 이것이 대대로 살아왔던 숲 속에서 한때는 그대만큼 당당하고 대담했던 한 사나이의 소망이다.

검은매 ❖ 소크족

2
오히예사가 들려주는
영혼의 이야기

모든 종교적인 열망은
하나의 원천에서 나온 것이다

"우리에게도 종교가 있다. 조상 대대로 믿던 종교가 자손들인 우리에게까지 전해 내려온 것이다. 우리 종교는 감사하는 마음을 가지라고, 서로 뭉치라고, 서로 사랑하라고 가르친다! 우리는 종교 때문에 말다툼을 하는 일이 절대 없다."

세네카족의 위대한 웅변가였던 '붉은저고리' 추장은 이렇게 말했다. 이미 100년 전에 수많은 선교사들 앞에서 한 훌륭한 답변이다. 나는 우리 부족민들이 이와 똑같은 생각을 얘기하는 걸 자주 듣는다.

나는 아메리카 인디언 특유의 종교 생활을 복원하려고 한다. 우리가 백인들을 알기 이전의 상태 그대로 그려 보려는 것이다. 이런 시도를 한 지는 오래됐다. 진지하고 충분하고 성실하게 우리 종교를 복원하려 시도한 적이 한 번도 없다는 걸 알고 나서부터였다. 우리 종교는 우리의 전통 가운데 다른 인종들이 가장 이해하기 힘들어하는 부분이다.

그 이유는, 첫째, 우리 종교를 믿는 인디언들이 우리 종교에 대해 깊은 이야기를 하지 않기 때문이다. 또 우리 종교를 믿지 않는 인디언들은 부정확하게 말하거나 얕잡아 보는 태도로 말하기 때문이다.

둘째, 우리를 설득해서 우리 종교에 대한 이야기를 듣는 사람들이 호의적인 태도로 이해하면서도 인종에 대한 편견이나 종교에 대한 편견을 버리지 않기 때문이다.

셋째, 실제로 이런 주제를 다룬 연구들이 모두 변화의 시기에 이루어졌기 때문이다. 그때는 이미 아메리카 원주민들이 갖고 있던 원래의 믿음과 철학이 빠르게 붕괴되고 있었다.

이상한 풍습과 종교 의식을 다룬 깊이 없는 기사들을 여기저기서 찾아볼 수 있다. 그 풍습과 의식의 상징성이나 깊은 의미를 관찰자들은 대부분 이해하지 못한다. 최근에는 상당한 양의 자료가 모아졌다. 그러나 현대식으로 변형되거나 이것저것 뒤섞여 가치가 없는 것들이다. 〈성서〉에 나오는 전설과 백인들의 철학이 얼키설키 섞여 있다. 그중에는 상업적인 목적으로 만들어진 것도 있다. 자신들의 문화유산보다 이익을 더 좇는 인디언들을 보라. 그런 사람들은 주문만 하면 어떻게 해서든 성스러운 노래건 신화건 민속이건 다 갖다 바칠 것이다.

나는 과학적인 논문을 쓰듯 글을 쓰지 않는다. 그러나 내 글은 진실하다. 어린 시절에 받은 가르침과 조상들의 이상을 표현할 수 있기 때문이다. 그것은 어느 한 인종의 관점에서 쓴 글이 아니라 보편적인 인간의 관점에서 쓴 글이다. 핵심이 되는 뼈대만 전달하려고 하지 않았다. 오히려 뼈대에 살과 피를 더해 이야기를 따뜻하게 만들었다. 인디언이 아닌 사람들이 우리 조상들의 믿음과 예배 의식에 대해 쓴 글은 많다. 그런 글들은 대개 그것을 호기심의 대상으로 다룬다. 나는 우리 종교의 보편적인 측면과 그것이 사람의 마음을 움직이는 힘이 있다는 점을 강조하려고 했다.

우리들을 찾아온 첫 선교사들은 훌륭한 사람들이었다. 하지만 그들이 살던 시대의 편협함에 물들고 말았다. 그들은 우리에게 이단자나 악마 숭배자라는 낙인을 찍었다. 그러면서 우리 신들은 실패한 신들이므로 포기하라고 강요했다. 그들의 믿음과 그들의 교리를 받아들이지 않으면 우리는 영원히 길을 잃고 헤맬 것이라고 말하기도 했다.

20세기를 사는 우리들은 그들보다 더 잘 알고 있다. 종교적인 열망과 진지한 예배는 어느 것이나 결국 하나의 원천에서 나온 것이며 같은 목적을 갖고 있을 가능성이 있다는 것을 우리는 알고 있다. 고등교육을 받은 사람이 믿는 신과 어린아이가 믿는 신, 문명인이 믿는 신과 미개인이 믿는 신이 결국은 같은 신이라는 것도 알고 있다. 그리고 이 신은 우리 외모가 다르다고 해서 그것을 비교하거나 평가하지 않는다는 것도, 이 땅 위에서 정직하고 겸손하게 사는 사람이라면 누구든지 껴안아 준다는 것도 알고 있다.

영혼은 세상 만물에 깃들어 있다

우리는 자연이라는 거대한 영역을 측량하거나 기록하지 않는다. 자연의 경이로운 현상들을 과학적인 용어로 표현하지도 않는다. 오히려 그와 반대로, 우리는 눈앞에 있는 모든 것들에서 기적을 본다. 씨앗의 발아와 새알의 부화에서 생명이라는 기적을 본다. 번쩍이는 번개의 불빛과 넘실대는 깊은 강물에서 죽음이라는 기적을 본다!

위대한 영은 어디에 계시는가

우리를 싸안아 보듬고 있는 영원한 존재, 위대하고 신비로운 존재를 대하는 인디언들의 태도는 단순하다. 그 존재를 받들고 찬양하는 것이다. 우리에게 그 존재는 우리가 이 땅에서 사는 동안 누릴 수 있는 기쁨과 만족을 넘치도록 내려 주시는 최상급의 존재다.

위대한 영에게 드리는 예식은 조용히 외딴 곳에서 치른다. 결코 자기 하고 싶은 대로 멋대로 치르지 않는다.

예식은 조용히 거행한다. 인간의 말은 어떤 것이든 미약하고 불완전하다는 약점을 피할 수 없기 때문이다. 그래서 우리 조상들의 영혼은 침묵 속에서 숭배하는 마음으로 신을 우러렀다.

예식은 외따로이 진행한다. 우리는 신이 우리 가까운 곳에 혼자 계신다고 믿기 때문이다. 그리고 우리와 우리를 창조하신 분 사이에 개입할 권한을 가진 제관도 없다. 다른 사람의 종교적 체험에 대해 충고하거나 고백하거나 어떤 방식으로도 참견하면 안 된다. 우리들은 모두 신의 아이로 태어나 똑바로 일어서면 자신이 신성한 존재라는 걸 알게 되기 때문이다. 우리의 믿음을 특정한 교리에 맞춰 변형시켜서는 안 된다. 그걸 믿고 싶지 않은 사람에게 강요해서도 안 된다. 그래서 설교도 하지 않는다. 개종을 시키지도 않는다. 고발을 하지도 않는다. 비웃는 사람도 없고 무신론자도 없다.

우리 종교는 마음가짐이지 교리가 아니다.

왜 예배당을 짓지 않는가

우리에게는 사원이나 신전이 없다. 자연이라는 신전이 있을 뿐이다. 우리는 자연의 자손이기 때문에 상상력이 매우 풍부하다. 우리는 신비로운 원시림에 싸인 그늘진 길 위에서, 사람의 발길이 닿지 않은 대평원의 해가 지는 언덕 위에서, 아찔할 만큼 높이 솟아오른 미끈한 바위 첨탑 위에서, 별들이 보석처럼 반짝이는 밤하늘의 거대한 천장 아래서 신과 얼굴을 마주하게 될지도 모른다! 우리는 그런 '단 하나뿐인 존재'를 위해 집을 짓는 것은 신성을 더럽히는 행위라고 생각한다. 신은 베일처럼 얇은 구름을 옷으로 걸치고, 눈에 보이는 세계와 보이지 않는 세계의 경계선에 계신다. 그곳은 우리의 증조부인 태양이 모닥불을 지피고 있는 곳이다. 그분은 북쪽에서 불어오는 혹독한 바람 위에 걸터앉아 계시거나 남쪽의 향기로운 공기에 혼을 불어넣고 계신다. 그분은 선두 카누를 타고 거대한 강이나 바다만큼 큰 호수로 나아가신다. 그런 신에게는 예배당 같은 것이 전혀 필요하지 않다.

침묵이 말보다 강하다

아메리카 원주민인 우리는 자존심이 강하지만 매우 겸손한 태도도 함께 갖추고 있다. 영적인 오만함이라고는 전혀 찾아볼 수 없다. 그런 건 말로 가르치지도 않는다. 입 밖으로 나온 말은 힘이 있다. 그렇다고 그것이 '무언의 창조물'보다 더 뛰어나다는 것을 증명하지는 않는다. 오히려 능란한 말솜씨가 위험한 재능이라고 생각한다.

 우리는 침묵의 가치를 믿는다. 침묵은 마음이 완벽한 평형 상태에 들어갔음을 나타내는 증거이기 때문이다. 침묵은 몸, 마음, 영혼이 절대 균형 또는 절대 평형을 이룬 상태이다. 그런 상태에 이른 사람은 자신의 상태를 언제나 잔잔하게 유지해서 어려운 일이 닥쳐도 흔들리지 않을 수 있다. 나무에 매달려 흔들리는 나뭇잎이나 햇살에 반짝이는 연못 표면에 출렁이는 잔물결과 같지 않다. 그런 사람들은 인간의 본성에 가까운 마음을 지니고 있어서 살아가는 자세와 행동이 바람직하다.

 당신들은 이렇게 물을지도 모르겠다. "침묵이란 게 뭐요?" 그러면 우리는 이렇게 대답할 것이다. "그건 위대한 영 자체요. 경건하게 지키는 침묵이 바로 신의 목소리니까."

 또 이렇게 물을지도 모르겠다. "침묵을 지키면 뭐라도 나옵니까?" 그러면 우리는 이렇게 대답할 것이다. "바로 자기 통제력, 참된 용기, 참을성, 끈기, 위엄, 공손한 태도 같은 것을 얻을 수 있소. 침묵은 인격의 기초요."

 나이 많은 추장 와바샤는 "젊은 나이에는 말을 조심해야 한다. 그러면 시간이 지날수록 생각이 성숙해질 것이다. 그 생각들이 너의 부족민들에게 도움이 될 것이다."라고 말했다.

영혼은 어떤 모습으로 나타나는가

원래 우리는 마음이 관대하고 늘 열려 있다. 그래서 신의 영이 인간들에게만 자신의 숨결을 불어넣어 주는 것이 아니라, 신이 창조한 우주 전체가 조물주의 불멸의 완벽함을 공유한다고 믿는 편이다.

번개, 바람, 물, 불, 숲과 같은 자연의 위대한 에너지는 영적인 힘이라고 생각하고 경외하는 마음으로 대한다. 그러나 그 힘은 간접적인 에너지이며 신의 영을 중간에서 전달해 주는 역할을 한다고 생각한다. 우리는 영이 만물 안에 가득 차 있어서 세상의 피조물은 모두 어느 정도의 영혼을 지니고 있다고 여긴다. 하지만 그것이 꼭 스스로를 자각하는 영혼일 필요는 없다. 나무, 폭포, 회색 곰은 각각 그런 영적인 힘이 형상화된 것이다. 그래서 존경해야 할 대상으로 여긴다.

우리 인디언들은 동물 세계의 형제자매들과 공감하고 영적으로 소통하기를 좋아한다. 그들은 인간처럼 말을 하지는 못하지만 그 영혼은 순진무구하다. 제 앞가림을 할 수 없을 만큼 어린아이들이 지니고 있는 때 묻지 않은 순수함 같은 것을 지니고 있다. 그것은 우리 인간을 위한 것이다. 우리는 동물들의 본능을 저 위에서 내려 주신 신비로운 지혜라고 믿는다. 우리는 먹고살기 위해 동물들을 희생시키고, 그들의 몸을 겸손한 마음으로 거둬들인다. 그때 우리는 정해진 기도와 제물을 드려 그들의 영혼에 경의를 표시한다.

왜 빈곤과 소박을 좋아하는가

우리 아메리카 원주민들은 가난하고 검소하게 산다는 이유로 백인 정복자들에게 무시를 당해 왔다. 아마 그들은 우리 종교에서는 재물을 모으거나 사치스러운 물건들을 소유하는 것을 금한다는 이야기를 듣고도 잊어버린 듯하다. 시대와 인종을 불문하고 영적으로 충만한 인간들이 모두들 그러하듯이, 우리 역시 소유하기를 좋아하면 덫에 걸리는 건 마찬가지다. 또 사회가 복잡해지면 불필요한 위험과 유혹이라는 부담이 생기지 않을 수 없다.

우리가 원래부터 가지고 있던 인디언들의 철학이 우리 마음을 지배하고 있는 동안에는, 백인들이 쌓아 놓은 화려한 업적을 부러워하지도 본받으려 하지도 않았다는 것은 꾸밈없는 사실이다. 우리 생각에는 우리가 그들보다 훨씬 위대했으므로! 우리는 백인들을 비웃었다. 자신이 할 일에 몰두하는 고귀한 영혼은 푹신한 침대나 기름진 음식을 거부하고 부자 이웃과 쾌락을 즐기며 빈둥거리지 않기 때문이다. 이런 것과 함께 살아갈 수밖에 없는 사람들도 있겠지만, 고결하고 행복하게 사는 것은 이런 것들과는 아무런 상관이 없다는 게 우리 눈에는 확실하게 보였다.

더군다나 자기 능력과 성공으로 얻은 열매는 자기보다 형편이 못한 형제자매들과 나누어야 한다는 게 우리 삶의 원칙이었다. 그러므로 우리는 교만, 탐욕, 질투 같은 게 우리 영혼을 더럽히지 않도록 주의하면서, 우리가 믿는 바대로, 신성한 하늘의 뜻을 실행에 옮겼다. 신의 뜻은 우리에게 매우 중요했다.

자연의 아이들은 왜 홀로 있어야 하는가

우리는 자연이 낳은 아이들이다. 그래서 우리는 인구가 밀집되면 사악한 일들이 많이 생길 수밖에 없고, 도덕적이기보다는 물질적이 될 수밖에 없다고 생각해 왔다. 우리는 오래 유지할 수 있는 도시를 세우지도 못했고, 물질문명을 발달시키지도 못했다. 그러나 우리가 너무 무지하고 앞을 내다보지 못해서 그랬던 것은 아니다. 우리는 음식이 사람에게 좋은 것이지만, 과식은 사람을 해친다고 믿고 있다. 사랑은 사람에게 좋은 것이지만, 욕정은 사람을 파괴한다고 믿고 있다. 너무 밀집된 비위생적인 주거 환경 때문에 생기는 전염병을 염려하기도 했다. 동료들과 지나치게 접촉함으로써 생기는 영적인 힘의 손실보다 전염병을 우리는 더 두려워했다.

인디언이건 아니건 야외에서 많은 시간을 보내 본 사람들은 홀로 있는 상태에서는 뭔가를 끌어당기는 강력한 힘이 내부에 쌓인다는 사실을 알고 있다. 그러나 사람이 많은 곳에서 살면 그 힘이 빠른 속도로 흩어져 버린다. 인디언들은 그런 힘이 강했다. 주변 환경에 영향을 받지 않는 내부의 힘, 자기 균형을 유지하는 평정심, 이런 것은 아메리카 인디언들이 가장 강하다는 사실을 우리의 적들조차도 인정했다.

기도는 왜 중요한가

기도는 눈에 보이지 않는 영원한 존재와 매일 마주하는 일이다. 그래서 빼놓을 수 없는 의무 중 하나다.

우리 인디언 부족들은 오래전부터 우리 마음을 영적 마음과 육체적 마음으로 나눌 수 있다고 보았다. 영적 마음은 사물의 본질에만 관계한다. 우리가 영적인 기도를 통해서 강하게 만들려고 하는 것이 바로 영적 마음이다. 기도를 드리는 동안에는 단식과 고통으로 육체를 억눌러 둔다. 이렇게 기도를 할 때는 신에게 부탁을 하거나 도움을 청하지 않는다.

육체적 마음은 더 낮은 수준의 마음이다. 이 마음은 개인적이고 이기적인 문제에만 관계한다. 사냥이나 전투에서 성공하게 해달라거나 병을 낫게 해달라거나 사랑받고 살도록 자비를 베풀어 달라고 하는 것이 그런 문제들이다. 이익을 얻거나 위험을 피하기 위해 만들어진 의식, 주술, 마법은 모두 육체적 마음에서 비롯된 것으로 본다.

이런 육체적 숭배 예식은 모두 상징적인 것이다. 우리는 태양춤을 추거나 다른 의식을 거행한다. 하지만 기독교도들이 십자가를 숭배하지 않는 것처럼, 우리도 이제는 태양을 숭배하지 않는다. 우리는 태양과 지구가 모두 유기적인 생명의 어버이라고 생각한다. 이런 우리의 생각에 시적인 은유뿐만 아니라 과학적인 진실도 담겨 있다는 걸 인정하지 않을 수 없을 것이다.

태양은 우주의 아버지다. 태양은 자연에 성장의 원소를 불꽃처럼 방사한다. 지구는 인내심을 갖고 열매를 맺는 어머니의 자궁이다. 자궁 안에는 식물과 인간의 싹이 숨겨져 있다. 그러므로 우리가 태양과 지구를 숭배하고 사랑하는 것은 우리가 태어날 수 있게 중개 역할을 해준 아버지와 어머니에 대한 사랑을 풍부한 상상력으로 크게 확장시킨 것이다. 자식의 입장에서 태양과 지구에 바치는 이런 감정은 그들에게 다가가서 우리가 바라는 좋은 선물을 받고 싶은 마음 때문이다. 이것이 물질적이고 육체적인 기도다.

그렇지만 좀 더 멀리 내다보면, 우리들의 삶 전체가 기도라고 할 수 있다. 살아가면서 행하는 우리의 행동은 진정한 의미에서는 모두 종교적인 행위라고 할 수 있기 때문이다. 우리가 날마다 드리는 기도는 우리에게는 음식보다 더 중요하다.

우리는 새벽녘에 깨어나서 바닥이 평평한 모카신을 신고 물가까지 걸어 나간다. 거기서 깨끗하고 차가운 물을 한 움큼 떠서 얼굴에 끼얹거나 온몸을 풍덩 담근다.

몸을 씻은 뒤에는 서서히 밝아오는 새벽을 마주 보고 똑바로 선다. 태양이 이글거리며 지평선 위로 솟아오르면 마주 보고 서서 마음속으로 기도를 드린다. 그때 친구나 반려자가 자신의 기도를 시작하거나 우리의 뒤를 따라 기도할 수도 있다. 하지만 따로 떨어져서 해야지 같은 자리에서 해서는 안 된다. 각자의 영혼은 아침 해, 새로운 날의 따뜻한 지구, 위대한 고요와 홀로 마주해야 하기 때문이다.

하루를 보내면서 우리는 놀랍도록 아름답고 장엄한 장면과 마주친다. 산 위로 빛나는 무지개가 아치처럼 걸려 있는 검은 소나기구름, 푸른 계곡 한가운데를 흐르는 하얀 폭포, 핏빛 놀에 물들어가는 광대한 평원. 그러한 장면과 마주칠 때마다 우리는 잠시 동안 멈춰 서서 그것을 경배하는 자세로 바라보아야 한다.

우리는 세상 만물에는 영혼이 깃들어 있고, 그 영혼이 영적인 힘을 받아들이고 있다고 믿는다. 우리 형제자매인 동물들에게는 영원히 죽지 않는 부분들이 있다. 우리는 그런 부분을 존경한다. 이런 마음 때문에 우리는 사냥한 야생동물의 몸을 가지런히 정리한 뒤 머리에 상징적인 물감을 칠하거나 깃털로 장식하기도 한다. 그때 우리는 신성한 담배를 채워 넣은 파이프를 들고 그 동물 앞에 기도하는 자세로 선다. 우리 생명을 유지하기 위해 우리가 빼앗아 가지 않을 수 없는 우리 형제자매동물의 몸에서 예의를 갖춰 영혼을 해방시켜 주는 것이다.

음식을 먹을 때 여자들은 감사 기도를 중얼거린다. 조용히 표나지 않게 하는 행동이기 때문에 그런 풍습을 알지 못하는 사람들은 대개 "영이시여, 함께 드시기를!"이라고 속삭이는 소리를 듣지 못한다.

아내에게서 그릇과 접시를 받아 든 남편 역시 영혼들에게 조용하게 기도를 드린다. 남자들은 나이가 들어 늙으면 감사하는 마음을 보여 주는 특별한 행동을 즐겨 한다. 그들은 가장 좋은 부위의 고기를 한 조각 잘라 내어 모닥불 속에 던진다. 그것은 가장 깨끗하고 가장 영원한 부분이다.

그러므로 우리는 일주일 중 하루를 성스러운 날로 따로 정해 놓을 필요가 전혀 없다. 우리의 모든 날은 신께 속해 있기 때문이다.

어떤 것들을 아름답다고 하는가

아름다운 것을 감상하는 것은 종교적인 의식을 치르는 것과 아주 비슷해서, 아름다운 것들을 바라볼 때도 아메리카 인디언들은 혼자여야 한다. 자연과 믿음은 서로 조화를 이루기에, 우리는 모방할 수 없는 독특한 것들은 감히 모방하려고 하지 않는다. 위대한 예술가인 신의 작품을 감히 그대로 복제하려고 하지 않는다. 아름다운 것은 사고팔아서는 안 된다. 존중과 사랑만 받아야 한다.

한여름 축제에서는 부족회의장과 춤마당으로 쓰기 위해 갓 잘라 낸 나뭇가지를 세워 놓은 시원한 나무그늘 휴게소를 볼 수 있다. 여기에 참석하는 사람들은 잎이 달린 나뭇가지로 치장을 하고 방패와 부채도 만들어 가지고 다닌다. 말의 목에 걸 화환까지 나뭇가지로 만든다. 이상하게 들리겠지만, 절대로 꽃을 함부로 사용하지는 않는다. 그 이유를 물어본 적이 있는데 한 분이 이렇게 대답했다.

"글쎄, 꽃은 우리 영혼이 즐기는 것이니까. 몸을 치장하려고 걸치는 물건이 아니라는 거지. 그러니까 그냥 놔둬야 해. 그래야 위대한 정원사이신 신께서 의도하신 대로 타고난 제 생명을 다 살아갈 거 아닌가. 다시 태어날 씨앗도 만들면서 말이야. 그분이 심으신 거지. 그래서 우리는 꽃을 함부로 꺾지 못해. 그걸 꺾는 건 이기적인 짓이지."

이것이 원래 아메리카에 살던 원주민들의 정신이다. 우리는 자연이 완전한 아름다움의 기준이라고 생각한다. 그래서 자연 파괴는 신을 모독하는 짓으로 여긴다.

나는 수우족 추장들에게 워싱턴을 보여 준 적이 있다. 문명이 이룩한 놀라운 업적을 그분들께 보여 줘 깊은 감동을 받게 하려고 한 일이었다. 국회의사당을 비롯해 유명한 건물을 여럿 둘러본 뒤, 우리는 코코란 아트 갤러리라는 곳에 들렀다. 거기서 나는 추장들에게 백인들은 이런저런 그림들을 천재적인 작품이나 예술적인 명작이라며 대단히 가치 있게 여긴다고 설명했다. 그러자 어떤 나이든 분이 감탄했다.

"아! 그게 바로 백인들의 이상한 철학이군! 그 사람들은 수백 년 동안 당당하고 장엄하게 서 있던 나무들을 잘라 넘어뜨려 버리지. 어머니인 대지의 가슴을 찢어 버리는 거야. 그런 짓 때문에 맑은 물줄기가 줄어들거나 말라 버리지. 신이 그려 놓으신 아름다운 경치와 기념물을 무자비하게 파괴해 버리지. 그러고는 깨끗하게 밀어 버린 표면 위에 얼룩덜룩한 색깔을 칠한 다음에 자기 작품이 명작이라고 박수를 처대는군!"

인디언들이 문명 세계의 '예술적' 기준에 접근하지 못한 원인이 여기에 있다. 우리가 창조적 상상력이 부족해서 그런 게 아니다. 그런 걸로 따지면 우리는 태어날 때부터 예술가였다. 그 원인은 시각의 차이에 있다. 우리 눈에 아름다움이란 늘 생생하게 살아 있는 것이다. 위대한 영인 신도 계절에 맞춰 세상에 새로운 옷을 입히지 않는가.

평범한 것들에서 기적을 볼 수 있는가

인디언들은 늘 사물을 확실하게 이해하고 그 범위 안에서 생각하는 명료한 사색가들이다. 하지만 생각의 바탕에 늘 인과관계가 깔려 있지는 않다. 우리는 자연이라는 거대한 영역을 측량하거나 기록하지 않는다. 자연의 경이로운 현상을 과학적인 용어로 표현하지도 않는다. 오히려 그와 반대로, 우리는 눈앞에 있는 모든 것들에서 기적을 본다. 씨앗의 발아와 새알의 부화에서 생명이라는 기적을 본다. 번쩍이는 번개의 불빛과 넘실대는 깊은 강물에서 죽음이라는 기적을 본다!

그 어떤 불가사의하다는 현상도 우리를 놀라게 할 수 없다. 짐승이 말을 해도, 태양이 멈춰 서 있어도 우리는 놀라지 않는다. 세상 모든 아이들이 세상에 태어나는 일은 처녀에게서 아이가 태어난 것마리아의 동정녀 수태 기적에 못지않은 기적이다. 이삭 하나에서 옥수수가 자라나 많은 열매를 맺는 것도 빵 다섯 덩어리와 물고기 두 마리로 많은 사람들을 먹인 기적예수의 오병이어 기적만큼 대단히 놀랄 만한 기적이다.

  기억하라, 인디언들은 과학도 모든 것을 설명해 주지 못하는 자연법칙 속에서 장엄하고 웅대한 모습을 읽어 내는 가장 앞서가는 철학자들이라는 것을. 우리 모두는 여전히 생명의 기원과 원리라는 최고의 기적이자 최후의 기적과 마주해야 한다. 이것은 가장 신비로운 수수께끼다. 이것이 우리 믿음의 핵심이다. 이것을 모르면 종교라는 것도 있을 수 없다. 이 신비로움 앞에서, 사람들은 누구나 인디언들과 같은 태도를 견지해야 한다. 인디언들처럼 경외하는 마음으로 모든 사물 속에서 신성한 존재를 볼 수 있어야 한다.

위대한 영을 사랑하고, 자연을 사랑하라

왜 아이들을 가르치는 학교가 없는가

인디언들에게는 아이들을 교육할 만한 방법이 잘 갖춰져 있지 않다고 생각하는 것이 일반적이다. 우리에게 가장 중요한 것은 진실이었다. 진실보다 더 좋은 교육 수단은 없었다. 우리 부족의 풍습은 하나같이 아주 경건한 마음으로 만들어졌다. 아이들의 교육과 관련된 풍습은 성실하게, 양심적으로 지켜졌다. 그리고 한 세대에서 다음 세대로 끊이지 않고 전해졌다.

사실 인디언들에게는 학교 같은 건물이 없었다. 책도 없었다. 정해진 수업 시간도 없었다. 우리 아이들은 자연의 방식대로 교육을 받았다. 자연 속에서 자연과 접촉하면서 배웠다. 이런 방식으로 아이들은 자신이 어떤 사람인지 차츰 알게 되고, 모든 생명체와 자신이 연결되어 있다는 걸 깨닫게 되었다. 아이들은 영적인 세계를 현실로 받아들였다. 화려하게 빛나는 생명을 세상 어떤 것보다도 귀중하게 여겼다. 그리고 설명하려고 해도 설명되지도 않고 설명할 수도 없는 모든 신비로운 사물들 너머에는, 동시에 그런 사물들 안에는 위대한 영이 살고 있음을 보았다. 위대한 영은 이런 신비로운 자연물이 아닌 것, 알아 두면 써먹을 수 있는 문명의 산물 안에는 살고 있지 않았다.

우리는 실례와 설명이라는 두 가지 방법으로 아이들을 가르쳤다. 하지만 구체적인 실례를 더 중요하게 여겼다. 간접적으로 얻은 지식은 죽은 언어와 같기 때문이다. 아이들은 육체적 훈련을 통해 실례를 충분히 몸에 익혔으며 빨리 이해했다. 동시에 우리의 가르침에는 도덕적이고 영적인 면이 있기 때문에, 나는 어떤 종족의 교육보다 훌륭하다고 생각한다.

우리는 개성을 개발하는 것이 가르치는 기술에서 가장 중요하다고 생각했다. 그래서 우리는 교육의 기본을 위대한 영을 사랑하고, 자연을 사랑하고, 사람들과 나라를 사랑하게 하는 것이라고 여겼다.

인디언의 어머니는 왜 위대한가

아메리카 인디언들의 교육은 어머니의 자궁에서부터 시작된다. 어머니의 몸가짐과 비밀스러운 명상은 아직 태어나지 않은 아이의 열려 있는 영혼에 위대한 영의 사랑과 모든 창조물에 대한 형제애를 불어넣기 위한 것이다.

아이를 가진 인디언 여자는 가족이나 부족 중에서 훌륭한 사람을 하나 골라 장차 태어날 아이의 본보기로 삼곤 한다. 어머니는 날마다 이 영웅을 마음속에 떠올린다. 어머니는 전해 내려오는 그 영웅의 용맹하고 뛰어난 행동을 빠짐없이 수집한다. 그런 다음 혼자 있을 때 들은 이야기들을 되뇐다. 그 모습을 더 확실하게 간직하기 위해, 사람이 많은 곳은 피한다. 되도록 남의 눈에 띄지 않는 장소에서 이리저리 거닐며 기도한다. 울창한 숲 속의 고요한 장소나 사람이 다니지 않는 대평원 한가운데로 가기도 한다. 무작정 생각 없이 거니는 것은 아니다. 장엄하고 아름다운 경치에서 좋은 느낌을 받기 위해 그런 장소를 택하는 것이다.

아이의 출산이 가까워지면 상상력이 풍부해진 어머니는 마음속으로 위대한 영혼의 출현을 미리 그려 본다. 한 영웅, 혹은 여러 영웅들을 낳은 어머니를 떠올려 보는 것이다. 그것은 태고의 자연과 같은 순결한 가슴에 품는 생각이다. 바람에 흔들리는 소나무 소리만, 혹은 먼 폭포에서 들려오는 가슴 떨리는 자연의 음악 소리만 들리는 고요한 숲 속에서 가슴에 품는 미래의 아이에 대한 꿈이다.

그녀의 일생에 가장 특별한 날이 밝아 온다. 새로운 생명이 태어나는 날이다. 창조의 신비가 그녀에게 찾아오는 날이다. 그날 그녀는 누구의 도움도 받지 않는다. 이 성스러운 임무를 감당해 내기 위해 언제나 몸과 마음을 훈련하며 준비해 왔기 때문이다.

그녀는 혼자 아이를 낳는 고통스러운 체험을 한다. 그곳에는 그녀를 당혹케 할 호기심이나 동정에 찬 눈길은 없다. 그곳에서는 모든 자연이 그녀의 영혼에게 말한다. "이건 사랑이다! 사랑이야! 생명의 완성이야!"

마침내 침묵을 깨고 성스러운 목소리가 들린다. 아무도 없는 황야에서 두 눈이 반짝 열리며 그녀를 내려다본다. 그때 그녀는 위대한 창조의 노래를 들으며 자신이 분신을 제대로 낳았다는 것을 알고 기쁨에 가득 찬다!

그녀는 곧장 야영지로 돌아간다. 신비롭고 성스럽고 사랑스러운 핏덩이를 안고! 아이에게서 따뜻한 기운을 느끼고 가늘게 숨 쉬는 소리를 듣는다. 아이는 어머니의 젖을 먹고 영양을 섭취하기 때문에 여전히 그녀의 일부분이다. 사랑하는 연인의 눈길도 진정으로 엄마를 신뢰하는 아이의 눈길보다 더 달콤할 수는 없다.

아이들은 맨 처음 무엇을 배우는가

인디언 어머니들은 자기 할머니와 어머니의 경험과 지혜만 물려받는 것이 아니다. 허용된 규칙만 지침으로 받아들이는 것도 아니다. 개미, 벌, 거미, 비버, 오소리에게서도 교훈을 얻으려고 겸손한 자세로 노력한다. 한가족을 이루고 사는 새들이 얼마나 깊이 있는 정서적인 교감을 나누는지, 성한 새들이 아픈 새들을 얼마나 잘 돌봐 주는지 세심하게 관찰한다. 그래서 나중에는 진정으로 우주 만물에 대한 모성애가 가슴속에서 박동하는 걸 느끼게 된다.

인디언 어머니는 영적인 가르침을 쉬지 않는다. 처음에는 말없이 대자연을 그저 손가락으로 가리키기만 한다. 그리고 나중에는 아침저녁으로 새처럼 속삭이는 노랫소리로 가르친다. 인디언 어머니와 아이에게 새들은 위대한 영과 아주 가깝게 살고 있는 진실한 부족이다. 바람에 살랑거리는 나무들은 위대한 영의 영기를 내뿜고, 떨어지는 폭포수는 위대한 영을 찬양하는 노래를 부른다.

아이들이 짜증 내고 안달하는 모습을 보면 어머니는 손을 들어 올린다. 그러고는 "쉬! 쉬!" 하고 부드럽게 주의를 준다. "천지에 가득한 영혼들이 잠을 깰지도 모르잖아!"라고 하면서 아이에게 조용히 들어 보라고 타이른다. 산들바람에 흔들리는 은빛 사시나무 잎의 은은한 목소리나 심벌즈가 부딪치는 듯한 자작나무의 목소리를 들어 보라고 타이른다. 밤에는 화려한 은하수를 지나 신에게로 가는 하늘의 길을 가리키며 타이른다. 침묵, 사랑, 존경, 이 세 가지는 아이들에게 주는 가장 중요한 첫 교훈이다. 인디언 어머니들은 나중에 너그러움, 용기, 순결을 더 가르친다.

시간이 지나면 아이들은 스스로 기도하는 자세를 갖게 된다. 다음에는 초자연적인 신들에게 공손하게 말하는 법을 배우게 된다. 아이들은 살아 있는 모든 생명체가 같은 피를 나눈 형제자매들이라는 걸 알게 된다. 아이들에게 폭풍은 위대한 영이 보낸 전령이다.

노인들은 어떤 역할을 하는가

여덟 살 정도 되면, 남자아이는 더 높은 단계의 훈련을 시키기 위해서 아버지에게 교육을 맡긴다. 여자아이는 이때부터 어머니보다 할머니의 보호와 감독을 더 많이 받는다. 할머니가 처녀들을 보호할 수 있는 가장 위엄 있는 사람이라고 생각하기 때문이다.

할머니와 할아버지가 하는 일 중에서 가장 눈에 띄는 것은 아이들에게 자기 부족의 전통과 종교를 알려 주는 것이다. 할머니, 할아버지 들은 나이가 들어 경험이 많고 아주 현명하다. 그분들은 오래 살았고 한 일도 많다. 그래서 어린아이들에게 가르치고 충고해 주는 선생의 역할을 하는 데 그 모든 것을 바친다. 그리고 아이들은 할머니와 할아버지 들을 사랑하고 존경한다. 인디언들은 할머니와 할아버지 들 가운데서 아이들을 가르칠 자질을 타고난 가장 진실한 선생을 찾아낸다.

그분들은 시간이 지나면서 더욱 신성하게 다듬어진 이야기들을 위엄 있게 암송해 준다. 이런 인도를 받아 아이들은 대를 이어 축적해 온 자기 부족의 지혜와 경험을 유산으로 상속받는다.

긴 겨울밤은 그런 전통을 배우기에 적절한 때다. 그때 부족의 과거를 알게 되고, 세상만사의 기원을 더듬어 보게 된다. 그런데 그런 주제들은 절반쯤 수수께끼에 싸여 있게 마련이다. 그래서 한밤중에 신비로운 체험을 적절하게 해보아야 한다.

이런 이야기들을 통해, 할머니와 할아버지 들은 영웅을 사랑하고, 조상들을 자랑스럽게 여기고, 자기 땅과 부족을 위해 몸을 바치고 싶어 하는 마음을 심어 준다. 이런 이야기들은 정신세계를 넓혀 주고 상상력을 자극하는 것 외에도 많은 효과가 있다. 가령, 기억력을 강화시키는 것도 그중 하나다. 아이들은 그 이야기들을 하나하나 기억하고 암송할 수 있어야 한다.

특별히 이야기를 잘하고 지혜가 많은 노인은 가족들뿐 아니라 먼 데 사는 부족민들에게까지 잘 알려져 있었다. 그래서 부족민들이 겨울에 야영을 할 때는 비정기적이긴 했지만 그분들의 집에 아이들을 모아 놓고 가르치며 함께 놀게 해주었다.

이것은 우리가 숲 속에 만든, 학교와 거의 비슷한 형태의 교육 시스템이었다. 교사는 음식이나 생활용품으로 보수를 받았다. 하지만 그보다 더 큰 보수는 마을 사람들의 사랑과 존경이었다.

베푸는 삶은 어떻게 배우는가

인디언의 사회적 지위는 개인의 덕성에 따라 완전히 달라진다. 우리가 절대로 잊어버리면 안 된다고 배우는 것이 하나 있다. 사람은 혼자서는 살아갈 수 없으며, 부족 사람들과 친척들과 같이 살아야 한다는 사실이다. 처음 배우기 시작할 때부터 모든 아이들은 부족을 위해 봉사하는 훈련을 받는다.

인디언의 전통에 따라 어머니는 아이가 세상에 태어나면서부터 아이의 모습을 사람들에게 늘 보여 주었다. 아이가 태어나면 부족의 전령은 아이가 태어난 사실을 모든 사람에게 알렸다. 그리고 나이 든 어른들과 가난한 사람들에게 선물을 돌렸다. 아이가 처음 걸음마를 할 때, 처음 말을 할 때, 처음 귀에 구멍을 뚫을 때, 처음 사냥을 할 때도 그 사실을 모두에게 알리고 나이 든 어른들과 가난한 사람들에게 선물을 나눠 주었다.

아이들이 한 단계씩 성장할 때마다 빠뜨리지 않고 축하 잔치를 열어서 모든 사람에게 아이의 모습을 보여 주었다. 그래서 아이들의 성장 과정은 가족들뿐만 아니라 일가친척들까지 모두 알고 있었다. 이런 과정을 통해 아이들은 자연스레 사람들에게 좋은 평가를 받아야 한다는 생각을 하며 자라게 되었다.

잔치 때, 아이의 부모는 가난해서 굶주리는 사람들에게 아주 넉넉하게 베풀었다. 그것이 아이에게는 여러 사람의 이익을 위해서 자신을 희생하는 좋은 본보기가 되었다. 이런 식으로 도량, 관대함, 용기, 희생 같은 것이 여러 사람을 위해 일하는 봉사자가 갖춰야 할 자질이라는 걸 아이들에게 보여 주었다. 그래서 아주 어렸을 때부터 우리는 이런 이상적인 생각을 따르려고 노력했다.

소년들에게는 좀 더 일찍 사회봉사에 참가할 것을 권장했다. 부족을 이끌면서 늘 잔치를 베풀어 줄 만한 큰 사람이 되는 영예를 얻기 위해 건전한 야망을 품으라고 격려해 주었다. 그러기 위해 소년은 용감할 뿐만 아니라 진실하고 관대해야 했고 늘 자비심과 명예심이 넉넉해야 했다. 사람들에게 그러한 마음을 보여 주지 못하면 절대 그런 자리에 오를 수 없었다.

소녀들의 경우에는, 부모들이 딸을 불쌍한 사람들이나 도움이 필요한 사람들에게 보내, 음식을 전해 주고 머리를 빗겨 주고 옷을 수선해 주도록 시켰다. 그것이 부모에게는 대단한 자랑거리였다. 가족 중에서 큰딸은 '웨노나Wenonha'라고 불렸는데, '양식을 주는 사람' 또는 '자비로운 사람'이라는 뜻이었다. 그런 자비로운 임무를 제대로 하지 못한 소녀는 그런 이름을 받을 자격이 없다고 여겨 그렇게 불러 주지 않았다.

넉넉한 마음에는 어떤 장점이 있는가

소유하려는 욕심은 단점이기는 하지만 고칠 수 있다고 우리는 믿고 있다. 소유욕은 물질에 대한 것이다. 그래서 그 길로 가면 즉시 정신의 균형이 깨진다. 균형이 깨지면 그걸 되찾기 위해 엄청난 노력을 해야 한다.

그러므로 인디언은 어릴 때부터 넉넉하게 마음을 쓰면 어떤 장점이 있는지를 배우지 않으면 안 된다. 어린 시절, 우리는 남에게 베풀 때는 자신이 가장 소중하게 여기는 것을 주어야 한다고 배운다. 그러면 베푸는 데서 오는 행복을 맛볼 수 있다고 배운다. 그래서 우리는 어린아이에게 자선을 베푸는 역할을 맡긴다. 아이가 뭔가를 움켜쥐고 내놓지 않으려 하거나, 소유에 너무 집착하는 경향이 있으면, 마음 씀씀이가 좁고 인색한 사람들이 멸시와 창피를 당한 이야기를 아이에게 들려준다.

사람들에게 베푸는 일은 중요한 의식의 일부분이다. 아이의 출생, 결혼, 죽음에 관한 의식은 당연히 여기에 포함된다. 그리고 어떤 사람이나 사건에 대해 특별히 경의를 표시하고 싶을 때도 언제나 의식을 치른다. 그런 의식을 치를 때는 인척들, 다른 부족이나 가문에서 온 손님들에게 자신이 가진 것을 모두 내어 주는 것이 보통이지만, 그보다 먼저 되받을 가망이 전혀 없는 가난한 사람들과 나이 든 어른들에게 주어야 한다.

위대한 영에게 드리는 선물인 종교적인 헌물은 그것 자체로는 가치가 높지 않을 수도 있다. 하지만 그걸 바치는 사람으로서는, 그것이 진정한 희생의 의미를 깨닫고 보답을 실행하는 것이라는 생각을 하면서 드려야 한다.

거칠고 무질서한 태도는 어떻게 다스리는가

인디언 집에 초대받아 인디언과 지내본 사람이라면 인디언들이 예절 바른 사람들이라는 사실을 부인하지 못할 것이다.

우리도 떠들썩하고 흥청거리는 분위기에 빠질 때가 있다. 사실은 나도 화톳불 가에서 배가 아파 더 이상 웃을 수 없을 때까지 낄낄거리면서 저녁을 보낼 때가 많다. 하지만 일반적인 행동 규칙은 진중하고 단정한 태도이다. 가까운 데서 살다 보면 서로 너무 친해질 수밖에 없기 때문에, 먼저 겸손과 상대를 배려하는 마음을 갖추지 않으면 곧 선을 넘게 된다. 그래서 어떤 집을 방문하면 먼저 집을 세운 자리와 가족들의 소유물을 가리키며 집안 식구들 하나하나에게 확실하게 경의를 표시한다. 그런 다음 조용히 침묵을 지키고, 질서를 지키고, 몸가짐을 단정히 해야 한다.

먼 데까지 여행을 해본 나이 든 분들이라면 모두가 지키는 규칙을 벗어난 행동을 할 수도 있다. 나이를 먹으면 자유롭게 행동해도 된다. 물론 힘든 노동이나 위험한 일을 하지 않을 자유도 있다. 인디언에게는 다른 사람들이 규칙을 지키는지 서로 엄격하게 지켜보는 관습이 있는데, 나이 든 분들은 그런 굴레에서도 자유롭다.

할머니, 할아버지 들은 자신이 바라는 것을 어떤 식으로 해달라고 요구할 특권이 있다. 그것은 아무도 거부할 수 없다. 어쩔 수 없이 육체가 쇠약해져 고생할 때는 부족 전체가 관심을 갖고 돌보며 있는 힘을 다해 고통을 덜어 준다.

하지만 젊은이들은 항상 조용하고 낮은 목소리로 말해야 한다고 생각하고 그것을 좋은 행동이라고 여긴다. 그것은 여자나 남자나 마찬가지다. 적들의 간담을 서늘하게 만드는 전사라도 대개는 가족들이나 친구들 중에서도 가장 모범적일 만큼 관대하고, 여성처럼 우아했다. 우리는 강하고 참을성이 많지만, 그런 모습을 일부러 드러내려고 하지는 않았다. 손님들이나 낯선 사람들 앞에서는 더욱 그랬다.

집안의 모든 행사는 언제나 할아버지가 주관하는 게 인디언 가정의 관례다. 손님이 집에 오면 할아버지는 가족들의 대변인 역할을 한다. 할아버지가 없을 때는 아버지나 남편 되는 사람이 가족들 대신 나서서 말한다. 다른 가족들은 그저 환영한다는 표시로 미소만 짓는다. 할아버지도 아버지도 집에 없을 때는 할머니가 가족의 대변인이 된다. 할머니도 없으면, 어머니 혹은 아내 되는 사람이 나서서 말한다. 정중하게 위엄을 갖추어서 한다. 집에 나이 든 사람이 한 사람도 없을 때는 큰아들이나 큰딸이 손님을 맞는다. 하지만 대변인 역할을 해줄 형제가 없는데 아무도 모르는 낯선 손님이 갑자기 들어오면, 딸들은 예의에 어긋나지 않게 말없이 지켜보기만 한다. 낯선 손님은 갑자기 집에 들어온 이유를 설명해주어야 한다.

손님 앞에서는 아무 때나 함부로 웃는다든지 하는 경망스러운 태도를 취해서는 안 된다. 예의를 갖춰 몸가짐을 단정히 하고 침묵을 엄격하게 지킨다. 아이들은 손님을 똑바로 쳐다보아서는 안 된다. 소란스럽게 장난을 친다거나 즐겁게 웃고 떠드는 일은 가까운 집안 식구들끼리 있을 때만 해야 한다. 특정한 놀이를 할 때나 춤을 출 때는 예외다.

　음식을 대접할 때는 늘 단정하고 공손하게 한다. 손님은 하루 중 어느 때 방문을 하더라도 시간에 관계없이 음식을 대접받는다. 음식은 가족들 중 어머니가 내오는데, 할아버지가 있어도 손님에게 맨 먼저 대접한다. 그런 다음 할아버지, 아버지, 할머니에게 드린다. 마지막으로 나이 순서대로 아이들에게 준다. 음식이 다 돌아가면 어머니는 맨 나중에 먹는다. 음식을 다 먹으면 각자 감사하다는 표현을 적절히 하면서 빈 접시를 어머니에게 돌려준다.

　인디언들의 생활 규칙과 관습들은 이처럼 단순해서, 시간이 지나도 변함없이 지켜졌고 대체로 존중을 받고 있다. 이런 방식으로 인디언들은 자연스럽게 살면서도 생활이 거칠어지거나 무질서해지지 않게 할 수 있었다.

여인들은 왜 도덕의 구원자인가

　우리 인디언의 도덕적 기준을 세우는 권한은 여자들에게 있다. 여자들은 모든 행동을 뒤에서 지켜보며 말은 하지 않지만 영향력을 미친다.

　여자들은 자신의 영역을 확실하게 지배한다. 아이들은 어머니의 씨족에 속하지 아버지의 씨족에 속하지 않는다. 가족 재산을 몽땅 쥐고 있는 것은 여자들이다. 집안의 명예도 여자들의 손아귀에 있다. 착한 일은 모두 여자들이 맡아서 한다. 여자의 지위는 모든 부족들이 인정하고 있다.

여자들은 정말 여성스럽고 품위 있고 겸손하지만, 인디언 사회에서는 여자라고 해서 육체적 인내심이나 재주가 배우자인 남자보다 떨어지면 안 된다고 요구한다. 매일 해야 하는 힘든 일도 남자와 똑같이 나눠서 해야 한다고 생각한다. 하지만 영적인 통찰력은 여자가 더 뛰어나다고 생각한다.

여자들은 어린아이들의 영적인 스승이자 자애로운 보모다. 여자들은 위대한 영이 온다는 걸 감지하면 그 앞에 자라나는 아이를 데려온다. 아이에게 자연의 선물인 에너지를 불어넣는 것은 여자의 의무다. 아이를 배는 순간부터 두 살이 지날 때까지는 어머니의 영적인 영향이 가장 중요하다고 믿기 때문이다.

인디언 여자에게는 부자연스러운 면이 전혀 없다. 위선적인 성격도 거의 없다. 어릴 때부터 꾸준히 훈련을 받고, 자기 할 일을 명확히 인식하고 있으며, 무엇보다도 깊은 곳에서 우러나오는 경건함 마음가짐을 갖고 있기 때문에 인디언 여자들은 강하고 침착하다. 그래서 그녀들은 웬만한 불행이 닥쳐도 힘과 평정심을 잃지 않는다.

나는 인디언 여자들이 그 어떤 종족의 여자들보다도 만물을 사랑하는 보편적 모성이 깊다고 믿고 있다. 그녀들은 정말 우리 부족의 도덕적 구원자들이다.

왜 명예를 중요하게 여기는가

　명예를 소중히 생각하는 마음은 인디언의 생활 곳곳에 스며들어 있다. 고아와 노인들은 아주 가까운 친척들만 돌봐 주는 것이 아니라 모든 부족민이 같이 돌본다. 사냥 솜씨가 좋은 남자라면, 그와 그의 아내는 끊임없이 도울 기회를 엿보다가, 여러 번 잔치를 열어 부족 노인들을 정중하게 초대해 사냥한 음식을 대접한다. 그분들은 왕성하게 활동하는 시기를 넘겼기 때문에 이제는 좋은 친구들과 좋은 음식을 들면서 과거의 추억을 즐기는 일을 가장 좋아한다는 것을 알기 때문이다.

　우리는 노인들에게 물건을 나누어 주기도 하고 몸으로 봉사를 하기도 하지만 대가를 받지는 않는다. 힘닿는 한 그들을 도우려는 넉넉한 마음을 갖고 있다. 어렵거나 위험한 일을 도와 달라고 청하면 부탁을 받은 사람은 누구나 그것을 큰 자랑으로 여긴다. 그 일에 대가를 바라는 것은 부끄러운 일이라고 생각한다. 오히려 이렇게 말한다. "제가 도와 드리는 노인들은 그분들이 어른들에게 배운 방식에 따라 감사 표시를 하시겠지요. 또 명예를 소중히 생각하는 분들이니 명예로운 방식으로 감사 표시를 하시겠지요. 제가 대가를 바라는 것은 부끄러운 일입니다."

우리는 불가능한 일이라도 언제든지 할 준비가 되어 있다. 친구를 위한 일이라면 자신이 가난해지더라도 언제든지 감수할 준비가 되어 있다.

다른 사람이 실제 이상으로 평가를 받아도 괘념치 않는다. 해야 할 일을 하는 것이 더 즐겁고 더 힘이 솟는다. 부족을 사랑하는 마음은 존경받아 마땅할 만큼 강하다. 우정은 순수하고 영원히 끊어지지 않는다.

전쟁에서 어떻게 명예를 지키는가

인디언은 본래 잔인하고 복수심이 강하다는 것이 인디언에 대한 일반적인 인상이다. 그렇지만 이는 우리 철학이나 우리가 훈련받은 바와 완전히 상반되는 것이다. 전쟁은 보통 놀이의 일종으로 여겼다. 젊은이들의 남자다운 기상을 길러 주기 위해 전쟁을 치르는 것이다.

하얀 피부의 장사꾼들이 총과 칼과 위스키를 가지고 들어오면서 인디언들의 복수심이 커지기 시작했다. 우리끼리 자유롭게 살던 그 이전에는 비열한 짓이나 사람을 속이는 짓을 하지 않았다. 필립 왕, 웨더포드붉은독수리, 작은까마귀 같은 인디언 추장들이 백인들을 공격하겠다고 위협한 것은 사실이다. 그러나 마사소이트, 아타쿨라쿨라, 와바샤 같은 이들의 조상들은 백인들에게 선물을 내밀었다.

용사들은 전투에서 많은 적을 죽였다고 해서 승리했다고 생각하지 않았다. 그보다는 그가 얼마나 큰 위험을 감당했는지를 따져 이겼는지 졌는지를 결정했다. 적의 목숨을 빼앗은 용사는 얼굴에 검은 칠을 하고 머리를 풀어 헤친 채 자기가 죽인 적을 위해 30일 동안 슬피 울었다.

전쟁에서 약탈을 허용하긴 했지만, 상대방의 땅을 몽땅 차지해 버릴 만큼 빼앗지는 않았다. 상대 부족을 흩어 버리거나 부족민들을 노예로 만들 생각도 하지 않았다.

어떤 적이 우리를 방문해서 경의를 표시하면, 우리는 우리를 믿는 그 마음을 곧이곧대로 받아 주었다. 그러면 그는 돌아가면서도 자기가 분명 당당한 용사들을 만났다고 생각했다! 그가 대적하지 않고 캠프 안에 남아 있는 한에는, 우리는 그를 안전하게 보호해 줌으로써 명예를 지켰다.

포로에게 친절하게 대해 주는 것도 예전에는 명예와 관련된 일이었다. 나는 내가 아주 어렸을 때 일을 아직도 기억하고 있다. 삼촌이 집으로 젊은 오지브웨족 여인 둘을 데리고 왔었다. 그 사람들은 우리 부족과 오지브웨족 사이에 전투가 벌어졌을 때 잡혀 온 포로들이었다. 수우족 전사들 중에는 죽은 사람이 없었기 때문에 여인들은 동정을 받았고 수우족 여인들이 친절하게 대접해 주었다. 그들은 분명히 아주 밝아 보였다. 물론 잡혀 있는 동안 전투에서 패배한 상실감을 느꼈겠지만, 그 여인들은 우리에게 받은 친절한 대접에 주저 없이 감사를 표시했다.

그들은 내 눈에 아주 훌륭한 사람들로 보였다. 그들은 잡혀 있는 동안 우리 할머니 가족과 2년 동안 살다가, 우리가 놓아주자 자기 부족으로 돌아갔다. 두 부족 사이에 대평화 회의가 열린 때였다. 떠날 때가 되자 두 여인 중 나이가 많은 분이 내 할머니를 껴안고 했던 말을 나는 지금도 기억한다.

"당신은 용감한 여인이자 진정한 어머니십니다. 저는 이제야 왜 당신 아들이 용맹스럽게 우리 부족을 점령해 제 동생과 저를 잡아왔는지 이유를 알 것 같습니다. 처음에는 그분을 미워했습니다. 하지만 이제는 그분을 존경합니다. 그것은 그분이 우리 아버지나 오빠나 남편이 때마다 해주셨을 것들을 우리에게 해주셨기 때문입니다. 그분은 그 이상으로 해주셨습니다. 그분은 동료 전사들이 우리에게 손도끼를 던지려 할 때 우리를 구해 주셨습니다. 그리고 우리를 이 집에 데려와 기품 있고 용감한 여인도 알게 해주셨습니다.

저는 당신이 베풀어 주신 그 수많은 친절을 절대로 잊지 못할 것입니다. 하지만 저는 가야 합니다. 저는 우리 부족에 속한 사람입니다. 그러니 우리 부족으로 돌아갈 것입니다. 저도 진실한 여인이 되기 위해 노력하겠습니다. 내 아들이 당신의 아들처럼 큰마음을 지닌 전사가 되도록 열심히 가르치겠습니다."

그녀의 여동생은 그냥 남아서 평생을 수우족과 함께 살기로 했다. 그리고 우리 부족의 어떤 젊은이와 결혼했다. 그녀는 이렇게 말했다.

"나는 수우족과 오지브웨족을 형제로 만들겠다."

그 여인이 말한 '그분'이란 아마도 조지프 추장으로 짐작된다. 조지프 추장은 나중에 여자와 아이들, 노인과 부상자들까지 이끌고 1천 킬로미터에 이르는 후퇴 작전을 교묘하고 능숙하게 지휘했던 분이다. 명예로운 전투가 뭔지 몸으로 가장 잘 보여 준 분이다. 백인들이 고향에서 자신을 쫓아냈으니 그는 분명 백인들을 미워해야 했다. 그러나 조지프 추장은 후퇴를 하면서 백인 관광객이나 여행자를 만날 때마다 그들을 해치지 않고 조용히 지나가도록 허락해 주었다. 그중 적어도 한 번은 그 사람들이 갈 길을 무사히 갈 수 있게 말까지 내주었다.

왜 정의를 존중하는가

이 땅에 아직 도시가 세워지지 않았을 때, 미시시피 강을 가로지르는 다리가 세워지지 않았을 때, 거대한 거미집처럼 철도가 깔리리라고는 상상도 하지 못했을 때, 인디언 부족들은 회의를 열어 '정의'라고 하는 인간의 가장 높은 이상에 걸맞은 결정을 내렸다.

살인이 일어나는 일은 드물었으나, 그것은 중대한 범죄여서 부족회의가 정하는 대로 죗값을 치렀다. 살인자를 불러 그 벌로 목숨을 내놓으라고 하는 일도 종종 있었다. 그런 경우에도 살인자는 재판을 받지 않으려고 도망치거나 피하지 않았다. 범죄가 깊은 숲 속에서 저질러졌거나 깜깜한 밤중에 일어나 현장을 목격한 증인이 없더라도 살인자는 다른 마음을 품지 않았다. 그는 위대한 영이 모든 진상을 다 알고 있다고 굳게 믿었다. 그래서 머뭇거리지 않고 자수해, 재판정에 섰다. 피해자의 친척들 가운데 나이 들고 현명한 분들이 재판을 진행했다.

살인자의 가족과 친척들도 변명하거나 변호하려는 시도를 전혀 하지 않았다. 하지만 재판관들은 부수적인 사실까지 빠짐없이 참작했다. 그의 살인이 자기방어 차원에서 이루어진 것이라거나 그런 행동을 하게 만든 자극이나 도발이 심각했다는 사실이 밝혀지면, 그는 죽은 자에 대한 30일 동안의 애도 기간을 혼자 보낸 뒤 석방되었다. 이런 의례상의 애도는 이 땅을 떠난 영혼에게 보내는 존경의 표시였다.

살인을 정당화할 사실이 없으면, 피해자의 가장 가까운 친척에게 살인자의 목숨을 앗아 갈 권한이 주어졌다. 권한을 실행하지 않는 경우도 있었는데, 그러면 그는 친척들에게 따돌림을 당했다. 그러나 그러한 일도 드물지 않게 일어났다.

'크로의개' 살인 사건은 아직도 많은 사람들이 생생하게 기억하고 있다. 그는 수우족 추장 '점박이꼬리'를 죽이고, 1881년 조용히 자수해 재판을 받았다. 사우스다코타 법정은 그에게 유죄를 선고

했다.

30년 전 자기 부족에게 위임받은 엄숙한 명령이 범행의 원인이었다. 당시 점박이꼬리는 미국 군대의 도움을 받아 크로족 추장을 몰아내고 그 자리를 차지했었다. 그때 크로의개는 점박이꼬리를 죽이겠다는 맹세를 했다. 만일에 대비해 그는 다른 부족 사람으로 보이도록 이름을 바꿨다.

점박이꼬리가 공적으로나 사적으로나 범죄를 저질렀다는 것은 의심할 여지가 없는 사실이다. 도덕적이지 못한 야만적 공격 행위를 저질렀을 뿐만 아니라 직위 남용의 죄까지 저지른 것이다. 그러므로 그의 죽음은 개인적인 복수의 문제가 아니라 공정한 인과응보의 문제였다.

크로의개는 처형을 당하기 며칠 전, 고향을 방문해 아내와 쌍둥이 아들에게 작별 인사를 하게 해달라고 요청했다. 아이들은 그때 아홉 살에서 열 살 정도였다. 해괴한 일이라고 생각할지도 모르겠지만, 그 요청은 받아들여졌다. 사형 선고를 받은 남자는 보안관의 호위를 받으며 고향으로 돌아왔다. 보안관은 죄수에게 다음 날 인디언 보호국으로 출두하라고 말하고는 보호국에서 기다렸다.

크로의개가 정해진 시간에 나타나지 않자, 보안관은 인디언 경찰을 급히 보내 그를 찾았다. 하지만 찾을 수 없었다. 그의 아내는 그가 감옥까지 혼자 말을 타고 가고 싶어 했으며 약속한 날짜에 닿을 것이라는 말만 했다. 다음 날 300킬로미터 떨어진 래피드시

티에서 온 한 통의 전보로 모든 의문이 풀렸다. 전보의 내용은 이랬다. "크로의개는 방금 여기 출두했음."

이 사건은 세상의 주목을 받았다. 사건 심리가 다시 시작되어 크로의개가 무죄 선고를 받은 예상 밖의 결과 때문이었다. 그는 고향으로 돌아가 부족민들의 엄청난 존경을 받으며 살았다.

거짓말과 도둑질은 얼마나 나쁜가

우리는 명예와 약속을 중요하게 생각하기 때문에 거짓말은 중대한 범죄 행위로 간주했다. 계획적으로 거짓말을 하는 사람은 어떤 범죄든 저지를 가능성이 있었다. 그가 야비한 거짓말과 속임수 뒤에 숨어 있기 때문이다. 그렇기 때문에 서로 간의 믿음을 깨뜨리는 자는 그 자리에서 처형해 버렸다. 그래야 그 사악한 범죄가 계속되지 않을 것이기 때문이었다.

도둑질도 이와 똑같이 창피한 짓이었다. 도둑질한 것이 드러나면 그 사람에게는 '와모논도둑'이라는 이름을 평생 붙여 주었다. 씻을 수 없는 치욕이었다.

이 관례에서 예외를 두는 경우가 딱 하나 있는데, 음식을 훔치는 것이었다. 먹을 것을 갖다줄 사람이 없어서 배를 곯는 사람들에게는 언제나 이 관례를 적용하지 않았다. 인디언 사회에서는 도덕률이 최고였지 다른 보호 장치는 있을 수 없었다. 자물쇠도 없고 문도 없어서 모두 펼쳐져 있었으니 누가 와도 음식을 쉽게 손에 넣을 수 있었다.

우정이 가장 순수한 이유는 무엇인가

우리 부족들은 우정을 가장 혹독한 성격 평가 시험이라고 생각한다.

우리가 생각하기에 가족이나 친척들에게 성실하게 대하고 의리를 지키기는 쉽다. 서로 피를 나눈 사이니까. 남녀 사이의 사랑은 짝을 이루려는 본능을 바탕으로 하며, 욕망이나 이기주의를 빼놓고는 생각할 수 없다. 하지만 친구를 사귄 다음 어떤 어려운 일이 있어도 진실하게 대한다면, 그것은 진정한 남자임을 보여 주는 증거다!

최고의 우정이란 '형제 같은 친구'거나 '생사를 주고받는 친구' 관계이다. 이 관계는 남자와 남자끼리의 유대로, 보통 청소년기에 맺어진다. 그리고 죽을 때까지 유지된다.

이것은 동지애나 형제애의 가장 순수한 부분이다. 쾌락이나 이익을 얻으려고 하지 않는다. 오히려 도덕적인 의지와 격려가 된다. 필요하다면 각자 상대를 위해 죽을 수 있다는 맹세를 한다. 어떤 일이 있어도 형제 같은 친구 사이는 깨어지지 않으며 인디언들은 이러한 관계를 최고라고 생각한다.

진정한 용기란 어떤 것인가

어떤 종족도 개인적인 용기나 정신력에서 우리를 뛰어넘지 못한다. 배신자라고, 또 피에 굶주렸으며 잔인하고 욕심이 많다고 우리를 비난하는 형편없는 적들도 우리가 용기 있는 사람들이라는 사실은 부인하지 않는다. 하지만 그들은 우리의 용기가 무식하고, 잔인하고, 광적인 것이라고 생각한다. 우리 생각에 용기는 완벽한 자기 통제에서 비롯되는 것이지 공격적인 자기 독단에서 비롯되는 것이 아니다. 이렇게 생각하기 때문에 우리에게 용기는 가장 고귀한 도덕적 미덕이 되었다.

우리는 용사란 공포는 물론 분노, 욕망, 고통에 무릎을 꿇어서는 안 된다고 생각한다. 용사란 언제나 자기 자신의 주인이어야 하며 자신의 용기를 기사도 정신, 애국심, 진정한 영웅적 행위 같은 데서 최고조로 발휘해야 한다.

크리크족의 전쟁을 지휘한 웨더포드붉은독수리가 바로 그런 사람이었다. 앤드류 잭슨 장군은 전투에서 크리크족을 이기자, 웨더포드를 내놓으라고 요구했다. 다음 날 밤에 웨더포드는 잭슨 장군의 천막에 나타나 이렇게 말했다. "내가 웨더포드요. 원하는 대로 하시오. 나는 싸워야 하는 전사이기 때문에 지금도 여전히 당신과 싸우고 있는 중이오. 하지만 내 부하들은 불러도 응답이 없소. 모두 죽었기 때문이오."

'성난말' 역시 진정한 용기와 명예심을 지닌 용사였다. 그는 성

채 안까지 적들을 추격해 들어가기도 했는데, 그럴 때면 늘 더 이
상 사살하지 않고 채찍으로 때리기만 했다고 한다. 적들의 무기를
두려워하지 않으며 자기 무기를 적들에게 쓰고 싶지 않다는 걸 보
여 주는 행동이었다.

"추위, 굶주림, 고통, 상대에 대한 두려움이 너를 가로막더라도,
달려드는 위험, 물어뜯으려는 죽음이 너를 가로막더라도, 네가 해
야 할 올바른 행동을 하라." 한 나이 든 추장이 굶주린 부족민들
을 먹이기 위해 한겨울에 들소를 찾으러 나서는 정찰병에게 한 말
이다. 이것이 우리의 순수하고 단순한 용기의 개념이었다.

정신적인 힘은 실재하는가

인디언은 정신적 힘이 잘 발달해 있다는 사실을 사람들은 거부
감 없이 받아들인다.

어떤 수우족 예언자는 백인들이 이 땅에 들어오기 50년 전에 그
들이 오리라는 것을 예언했다. 백인들의 복장과 무기까지 정확하
게 설명해 주었다. 증기선이 발명되기 전에 또 다른 인디언 예언자
가 미시시피 강의 거센 물살을 거슬러 올라오는 '불의 보트'의 모
습을 설명해 주기도 했다.

우리 중에도 어떤 사람들은 특정한 무덤이 있는 장소를 알아내
는 특별한 직관력을 가지고 있는 것 같다. 이런 예민한 감각을 갖

고 있는 사람들은 대부분 이미 죽은 사람들의 영혼이 보내는 신호를 받아들이는 것뿐이라고 설명한다.

우리 할머니도 그런 사람들 가운데 한 분이었다. 가장 오래된 기억을 떠올려 보면, 낯선 장소에 천막을 치던 형과 내가 그 자리에서 사람의 뼈를 발견한 일이 있었다. 할머니는 우리에게 그곳이 아주 오래된 무덤이거나 어떤 전사가 홀로 쓰러져 죽은 장소라고 가르쳐 주었다. 물론 겉으로 봐서는 무덤의 흔적이 오래전에 없어져 버린 곳이었다.

할머니는 또 예감이나 직관력이 뛰어났다. 나는 할머니가 가슴 속에 있는 특별한 '느낌'에 대해 이야기하는 것을 들은 적이 있다. 할머니 말에 따르면, 아이들이 밖에 나갈 때는 그 '느낌'으로 아이들에게 어떤 충고를 해주어야 할지 알 수 있었다고 했다. 다른 인디언 여인들도 그와 비슷한 마음속 수신 장치를 갖고 있다고 했다. 그러나 수신한 내용을 할머니만큼 정확하게 설명하는 사람은 보지 못했다.

우리는 마니토바 호수 곁에 천막을 치고 야영을 한 적이 있다. 거기서 우리는 삼촌과 삼촌네 가족들이 몇 주 전에 요새에서 살해되었다는 소식을 들었다. 그 요새는 300킬로미터나 떨어진 곳에 있었다. 친척들 모두 울부짖으며 애통해했다. 그러자 할머니가 울음을 그치라고 조용히 말씀하셨다. 아들삼촌이 가까이 오고 있으니 좀 기다리면 볼 수 있을 것이라고 했다. 그 나쁜 소식은 의심할 여지가 전혀 없는 것이었지만, 삼촌이 죽었다는 소식을 들은 지 이틀 뒤에 삼촌은 우리 야영지로 왔다.

내가 열다섯 살 때는 이런 일도 있었다. 우리는 어시니보인 강변에 있던 엘리스 요새를 막 떠난 참이었다. 작은삼촌이 밤에 야영하기 좋은 자리를 골랐다. 이미 해가 진 뒤였다. 그러나 할머니는 무슨 까닭인지 불안해했다. 그러면서 한사코 천막을 세우지 말라고 하셨다. 그래서 우리는 할 수 없이 강을 따라 더 내려가 깜깜해진 다음에야 한적한 곳에서 야영을 하게 되었다. 다음 날 우리는 우리 뒤를 바짝 따라오던 한 가족이 우리가 처음에 야영지로 잡아놓았던 그 자리에 머물렀는데, 밤중에 이리저리 떠돌던 전투부대의 기습을 받아 모두 죽고 말았다는 이야기를 들었다. 이 사건으로 우리 부족민들은 대단히 깊은 감명을 받았다.

우리들 가운데는 사람이 한 번 이상 태어날 수도 있다는 걸 믿는 사람이 많다. 그래서 어떤 사람들은 전생의 지식을 모두 갖고 있다고 주장하기도 한다. '쌍둥이 영혼'이 있다고 믿는 사람들도 있다. 똑같은 두 영혼이 다른 부족이나 다른 인종으로 동시에 태어난다는 것이다.

수우족에는 유명한 전쟁 예언자가 있었다. 1950년대까지 생존했기 때문에 같은 예언자 그룹에 속했던 나이 든 분들은 여전히 그를 기억하고 있다. 그가 중년의 나이가 되었을 때 오지브웨족에 영혼의 형제가 있다는 말을 했다. 오지브웨족은 조상 대대로 수우

족과 적대 관계였다. 그는 자기 형제가 속한 예언자 그룹의 이름
까지 말했다. 그러면서 그 역시 부족의 전쟁 예언자라고 했다.

두 부족 사이의 경계선을 따라 사냥을 나간 어느 날, 사냥 부대
를 지휘하던 예언자가 저녁에 전사들을 불러 모아 놓고 오지브웨
족 사냥 부대를 만나려 한다고 엄숙하게 말했다. 쌍둥이 영혼이
인도하는 것이라고 했다. 각각 다른 부족민으로 태어나 처음 만나
는 것이었다. 그는 적들과 전투를 벌이려는 젊은 전사들에게 투쟁
심을 억눌러 달라고 간청했다. 예언자는 전사들에게 말했다.

"보자마자 금방 알아볼 것이다. 그는 얼굴과 몸이 나와 같을 뿐
아니라 똑같은 토템숭배하는 상징물으로 치장하고 있을 것이다. 그리
고 내가 부르는 전쟁 노래를 부를 것이다!"

전사들은 정찰병들을 보냈다. 정찰병들은 곧 한 무리의 사람들
이 접근하고 있다는 소식을 가지고 돌아왔다. 예언자는 평화를 상
징하는 담뱃대를 들고 오지브웨족 야영지로 향했다. 거리가 가까
워지자 그들은 확실하게 구별할 수 있도록 세 번의 일제 사격을
했다. 평화롭게 만나고 싶다는 신호였다. 저쪽에서도 똑같은 신호
를 보내왔다. 예언자는 평화의 담뱃대를 손에 들고 오지브웨족 사
냥 부대의 야영지로 들어갔다.

오, 오지브웨족의 낯선 예언자가 그들을 만나기 위해 앞으로 걸
어 나왔다. 사람들은 번개라도 맞은 듯이 깜짝 놀랐다. 두 사람이
너무나 똑같이 닮아 있었기 때문이었다. 그들은 다가가더니 열렬

하게 서로를 껴안았다.

두 부족의 사냥 부대는 며칠 동안 함께 야영을 하자는 데 금방 동의했다. 그리고 하루 저녁 수우족이 '전사들의 잔치'를 열어 오지브웨족 전사들을 많이 초대했다. 예언자는 영혼의 형제에게 성스러운 노래 중에서 하나를 불러 달라고 부탁했다. 아, 그것은 그 자신이 부르곤 하던 바로 그 노래였다.

이런 수많은 이야기들은 나중에 조금씩 변조된 것이 틀림없다. 백인들이 우리를 추격하던 환란의 시기에 가짜 예언자와 마술사가 많이 생겨난 것도 의심의 여지가 없는 사실이다. 그러나 우리 인디언들이 집중력이 뛰어난 것만큼은 분명하다. 내가 설명한 것처럼 자연에 가깝게 다가가면 보통 상태에서는 느끼지 못하는 영적인 느낌에 민감해진다. 그래서 보이지 않는 힘과 접촉하게 된다.

왜 죽음을 두려워하지 않는가

삶에 대한 시험이자 삶의 바탕인 죽음을 대하는 우리의 태도는 우리의 특성이나 철학과 전적으로 일치한다. 물론 우리는 인간의 본질인 영혼은 영원히 죽지 않는다는 사실을 의심치 않는다. 하지만 미래의 삶에 있을 법한 상황이나 환경에 마음을 쓰지는 않는다.

'행복한 사냥터인디언 전사들이 생각하는 천당'라는 개념은 현대에 들어서 생겨난 것이다. 아마 백인들에게서 빌려 왔거나 백인들이 고안한 개념일 것이다. 우리는 본래 위대한 영이 우리에게 불어넣어 준 영혼은 그것을 준 조물주에게로 다시 돌아간다고 믿었다. 그리고 영혼이 몸에서 놓여난 다음에는 세상 어디에나 존재하며 모든 자연에 스며든다는 생각을 자연스럽게 받아들였다.

그러므로 우리는 죽음을 전혀 두려워하지 않는다. 지극히 간소하고 조용하게 맞는다. 명예로운 죽음을 추구하는 것은 단지 우리 가족과 후손들에게 마지막 선물을 하기 위해서일 뿐이다. 그러므로 우리는 전투에서 죽기를 원한다. 그러나 사적인 싸움을 하다가 죽는 것은 명예롭지 못한 죽음으로 여긴다. 집에서 죽으면, 우리는 풍습에 따라 마지막 순간에 침상을 문밖으로 옮겨 놓는다. 그래야 우리 영혼이 허공을 지나 열린 하늘로 들어갈 수 있다고 생각하기 때문이다.

그다음에 우리가 가장 신경 쓰는 문제는 사랑하는 사람들과 이별하는 것이다. 가난 때문에 고통받을 어린아이들을 남겨 두고 가야 하는 경우에는 더욱 그렇다. 우리는 가족애가 강하다. 그래서 뒤에 남는 사람들은 누군가를 보내는 일을 매우 슬퍼한다. 물론 우리는 영혼과도 계속 교류할 수 있다고 믿으며, 또 죽은 이의 영혼이 친구들을 위로해 주기 위해 무덤 주위나 '혼 꾸러미죽은 이의 머리 타래를 감싸놓은 것' 주위를 떠돌아다닌다고 믿는다. 죽은 이의 영혼이 기도를 들을 수 있다고 믿는다. 그렇더라도 누군가를 떠나보내야 하는 슬픔이 덜하지는 않는다.

죽은 이를 떠나보내는 슬픔을 겉으로 드러내는 것은 지극히 자연스러운 일이며 납득할 수 있는 일이다. 그것은 문명사회에서 볼 수 있는 티 하나 없이 잘 정돈된 검은 옷을 입는 풍습보다 낫다. 우리는 여자나 남자나 모두 머리를 풀어 헤치고 머리카락을 자른다. 얼마나 가까웠는지, 얼마나 깊게 사랑했는지에 따라 그 정도가 달라진다.

또 예쁘게 가꾸거나 장식을 하면 안 된다는 생각에 따라 우리는 옷에서 술과 장식들을 떼어 내거나 짧게 자르기도 하고 옷이나 담요를 두 조각으로 자르기도 한다.

남자들은 얼굴에 검은 칠을 한다. 과부들과 뒤에 남겨진 부모들은 팔이나 다리를 깊게 베어 피로 온몸을 적시기도 한다. 슬픔에 완전히 빠져 지상의 재물에는 아무런 신경도 쓰지 못한다. 가지고 있는 것들을 모두 남에게 주어 버리는 일이 많다. 맨 처음 문상을 오는 이에게 침대와 집까지 주어 버리는 일도 있었다.

통곡은 밤낮으로 계속된다. 나중에는 목이 잠겨 소리가 나오지 않는다. 그때는 통곡이 마치 음악 소리 같고 기묘하며 가슴을 찌르는 듯한 소리로 들린다.

죽은 이의 기억을 남아 있는 사람들이 깊고 따뜻하게 간직하는 감동적인 풍습이 생각난다. 살아 있다면 입고 싶어 했을 옷 같은 물건으로 죽은 이의 머리 타래를 감쌌다. 이 '혼 꾸러미'를 삼각 지지대에 매달아 천막 안의 정갈한 장소에 놓아두었다. 그러고는 끼

니때마다 음식을 한 접시씩 그 밑에 놓아 두었다. 나중에 죽은 이와 성별이 같고 나이가 같은 사람을 초대해 그 음식을 먹게 했다. 죽은 해의 마지막 날에는 친척들이 여러 사람을 위해 잔치를 열고 옷이나 여러 가지 물건을 손님들에게 나누어 주었다. 머리 타래는 적절한 의식을 치른 다음에 땅에 묻었다.

적을 죽였더라도 죽은 이에게 적절한 경의를 표시했다. 전투에서 상대를 죽이는 일은 죄가 되지 않았다. 그래도 사람을 죽인 이는 얼굴에 검은 칠을 하고 머리를 풀어 헤친 채 30일 동안 그 사람의 죽음을 슬퍼하는 게 관습이었다. 이런 애도 의식은 이 세상을 떠나는 영혼에게 존경을 나타내는 표시였다.

떠나는 영혼에게는 큰 존경을 바치지만 죽은 이의 이름을 소리쳐 부르는 것은 우리의 관습이 아니다.

인디언은 영원히 살아남을 것이다

백인 종교는 어떤 영향을 미쳤는가

자연 속에서 생활하다가 문명이라는 인공적인 생활로 옮겨 간 결과, 우리는 엄청난 영적 손실과 도덕적 손실을 보았다.

우리들 사이로 들어온 유럽 사람들은 정말 이렇게 말했다.
"당신들은 애들이다. 뭘 만들 줄도 모르고 고안해 낼 줄도 모른다. 아무것도 할 줄 모른다. 우리는 유일신을 믿는다. 그 신은 우리에게 이 땅 위의 모든 사람들을 가르치고 지배할 권위를 주셨다. 그 증거로 우리는 그가 기록한 책을 가지고 있다. 초자연적인 안내서다. 한 자 한 자가 진실하고 구속력이 있다. 우리는 선택받은 사람들이다. 더 뛰어난 인종이다. 우리에게는 문이 황금으로 만들어진 하늘나라가 있다. 그곳에는 울타리가 쳐져 있어서 다른 종교를 믿는 사람들이나 우리 종교를 믿지 않는 사람들은 들어갈 수 없다. 그리고 지옥도 있다. 그곳은 하늘나라에 들어가지 못한 영혼들이 영원히 고통받는 곳이다. 우리는 고귀하고, 진실하고, 품위 있고, 종교적이고, 평화적이다. 우리는 잔인하고 부당한 것을 싫어한다. 우리의 본분은 교육하고 기독교를 믿게 만들며 약하고 미개한 사람들의 권리와 재산을 보호하는 것이다."

선교사들의 설교를 들은 인디언들은 백인들만이 진짜 신을 갖고 있다고 믿게 되었다. 인디언들이 이전에 성스럽게 여겼던 것들은 악마가 만들어 낸 것이라고 믿게 되었다. 이것이 우리 철학의 근간을 파괴해 버렸다. 그러나 그것은 대부분 기독교 철학으로 대체되지 않았다. 기독교 철학의 본질이 무가치하기 때문은 아니었다. 그 지지자들의 행동이 일관성 없고 모순투성이여서 우리가 그것을 받아들이거나 이해하기 힘들었기 때문이다.

우리 중 몇몇은 굳은 믿음을 가지고 백인들의 신을 받아들였다. 검은 옷을 입은 선교사는 부드럽고 편한 것을 추구하지 않는 인디언과 흡사했다. 그가 들판에서 부족과 운명을 같이하자 부족 사람들은 그를 믿고 사랑하게 되었다.

그런데 다른 선교사가 왔다. 그에게는 집이 있었고 거기서 잠을 잤다. 식물을 심은 정원도 있었다. 인디언들의 천막에서는 자려고 하지 않았다. 야생동물 고기도 먹기를 주저했다. 관계를 서먹하게 만드는 행동을 자주 했고, 그들의 옷을 입으라고 강요하고 개종을 역설하며 서둘렀다. 때가 되자 그 뒤를 이어 다른 사람들이 왔다.

그들은 인디언들을 변화시키기 위해 여러 가지 물건을 들고 왔다. 인디언들은 백인들의 총과 화약, 칼과 위스키, 몇 벌의 드레스 그리고 나중에는 말에도 관심을 보였지만, 백인들의 음식, 집, 책, 정부, 종교에는 별 관심이 없었던 게 사실이다.

결국 인디언들을 개화시키는 데 가장 큰 공헌을 한 것은 위스키와 화약이었다. 우리가 그것을 받아들인 때부터 사실상 상속권을 팔고 있었다. 모두들 무의식중에 우리의 멸망에 동의한 것이다.

우리가 우리 전성기의 자유로운 민주주의와 순수한 이상주의에서 멀어져 세상의 경쟁 게임에 들어가게 되자, 우리가 탄 배는 키가 부러져 버렸다. 나침반은 어디론가 없어져 버렸다. 물질주의라는 폭풍우, 정복욕이라는 파도가 우리를 바람 앞의 나뭇잎처럼 뒤흔들어 버렸다.

인디언 기독교 신자는 왜 위선자인가

원시 기독교에는 분명 인디언들이 끌릴 만한 점이 많았다. 부자와 재물욕에 대한 예수의 엄한 질책은 우리 인디언들도 확실하게 이해할 수 있는 것이었다. 하지만 교회에서 듣는 설교와 교인들의 실제 행동은 달랐다. 기독교는 과시와 자기 권력 확장이라는 특성이 있어서, 적극적으로 개종을 시키면서 다른 종교를 공공연하게 모욕하였다. 그래서 오랫동안 극단적인 반발을 샀다.

나는 한 선교사가 그의 성스러운 종교의 진리를 우리 인디언 몇몇에게 가르치던 때를 기억한다. 그는 여섯째 날에 땅이 만들어졌다고 말했다. 그리고 우리 조상이 사과를 먹었기 때문에 타락하게 됐다고 말했다.

예의 바른 우리 부족민들은 정중하게 들었다. 그런데 한 사람이 자기 차례가 되자 선교사에게 감사하다고 말한 뒤, 옥수수의 기원에 관해 아주 오래전부터 전해 내려오는 이야기를 했다. 그러자 선교사는 싫은 기색과 거부하는 표정을 노골적으로 드러내며 말했다. "내가 여러분들에게 한 이야기는 성스러운 진리요. 하지만 당신이 나에게 한 이야기는 단순히 지어낸 이야기, 거짓말이란 말이요!"

그러자 모욕을 당한 인디언은 엄숙하게 대답했다. "형제여, 당신은 예의를 지킬 만한 바탕이 갖춰져 있지 않은 듯합니다. 보셨다시피 우리는 예의를 지켜서 당신이 하는 이야기를 믿어 주었소. 그런데 당신은 왜 우리 이야기를 믿지 못하겠다는 거요?"

우리가 믿는 걸 놓고 누가 옳지 않다고 비난할 수 있단 말인가? 독실한 가톨릭도 그럴 수 없고, 〈성서〉를 문자 그대로 사실이라고 가르치는 프로테스탄트 선교사도 분명 그럴 수 없다! 논리적인 인간이라면 기적이라는 건 모두 받아들이거나 모두 거부해야 한다. 우리 아메리카 인디언들의 신화와 영웅 이야기를 고대 히브리 족속들의 이야기보다 더 믿지 못할 이유가 뭔가.

이상하게 들리겠지만, 우리는 기독교로 개종하고서 우리를 깨우쳐 줄 입장이 된 그 선량한 사람들을 마음속으로 경멸했다! 우리에게 성직자의 직업의식, 돈 받고 설교하는 평신도, 돈 많은 교회 같은 것은 영적이지도 못하고 교훈을 주지도 못했다. 우리 영혼이 부서지고, 우리의 정신적 육체적 관습이 무역과 정복, 강한 술 때문에 파괴되고 나서야, 기독교 선교사들은 우리를 진정으로 붙잡을 수 있었다.

그런데 우리를 모욕한 그 외래 종교에는 변절과 위선만 있는 것이 아니었다. 스스로 다른 종족들보다 뛰어나다고 주장하는 백인들 가운데 기독교를 믿는 시늉도 하지 않는 사람들이 많다는 걸 알고는 우리는 너무 놀랄 수밖에 없었다. 신앙고백을 하지 않을 뿐만 아니라, 신성을 더럽히는 말로 신을 모욕할 만큼 너무나 저속하고 야비했다. 인디언들은 신의 이름을 큰 소리로 부르지도 않았다. 최고로 존경하기 때문에 불경을 저지르지 않기 위해서였다.

그보다 더한 것도 있었다. 기독교를 믿는다고 말하는 백인들 중에서도 앞뒤가 맞지 않는 행동을 하는 사람을 많이 보았다. 그들은 물질적인 것만 찾으면서도 영적인 것에 대해 많은 말을 했다. 그들은 모든 것을 사고팔았다. 시간, 노동, 개인의 자존, 여자의 사랑까지. 심지어는 그들이 성스럽게 생각하는 목사의 직무까지 사고팔았다!

원칙적으로 영적인 삶이 첫째였음에도, 행동에 옮길 때는 분명히 둘째였다. 아예 완전히 무시되기도 했다.

진정한 예수 정신이 있는가

인디언들이 돈, 권력, 정복 같은 것에 욕심을 부렸다가는 도덕적 비난을 피할 수 없다. 그런데 눈에 띄는 백인들의 특징은 부드럽고 겸손한 예수 정신과는 완전히 딴판이었다.

온몸이 상처투성이였던 나이 든 전사가 한 말씀이 기억난다. 그때는 수우족, 샤이엔족, 크리족, 오지브웨족 등등의 여러 부족 인디언 젊은이들이 함께 만나곤 하던 때였다. 때로는 통나무 오두막집에서, 때로는 작은 교회에서 예수라는 인간의 삶과 특성을 단순한 언어로 그들에게 제시해 보려고 했다.

그 나이 든 전사 어른이 일어나서 말했다. "아니, 우리 인디언들은 오랜 세월 동안 자네들이 지금 말하고 있는 이런 규칙에 따라 살아온 거 아닌가! 우리는 아무것도 가지지 않네. 모든 것은 조물주가 주시기 때문이지. 음식도 무상으로 얻을 수 있고, 햇빛과 비와 땅까지도 무상으로 사용할 수 있네. 이것을 바꿔 버린 게 누군가? 백인들일세. 하지만 백인들은 자기들이 신을 믿는 자들이라고 말하네! 백인들은 자기네 아버지 하나님의 특성을 전혀 물려받지 않은 것 같아. 아니면 같은 아버지의 아들인 예수 형님이 보여 준 모범을 전혀 따르지 않든지."

더 나이 든 분들 중 또 다른 분에게 견해를 물었다. 그는 한동안 침묵을 지키다가 이윽고 다음과 같이 말했다. "이런 결론에 이르렀네. 이 예수는 인디언이었군. 물질을 끌어 모으는 걸 반대했지. 재산을 많이 갖는 것도 반대했지. 평화를 지키려고 노력했지. 그러나 여느 인디언들처럼 생활에 활용할 만한 실용적인 솜씨는 없었어. 사랑을 퍼뜨리려고 힘썼지만 자기 노동에 대한 대가를 받지는 않았군. 이런 예수의 모습은 백인들이 세운 문명의 기초가 된 원칙들이네. 그런데 이상하군. 인디언들에게서는 흔히 볼 수 있었던 이런 간단한 원칙들을 백인들은 견딜 수 없어 했다니 말이야."

기독교와 문명은 서로 융화할 수 있는가

백인들 가운데도 주정뱅이와 바람둥이들이 있었다. 우리와도 자주 접촉했다. 백인들의 종교에서도 그들을 비난했다. 그들 때문에 백인들의 종교까지 싸잡아 불신할 필요는 없었다. 이런 사실은 금방 파악할 수 있었다. 하지만 악질적인 국가적 신용 문제는 그냥 지나치거나 용서하기가 쉽지 않았다. 워싱턴에 있는 백인들의 어른은 저명한 인물들을 특사로 보냈다. 어떤 이들은 복음을 전하는 목사거나 주교이기도 했다. 국가적 신의인 엄숙한 조약을 두고 우리와 서약을 했다. 그럴 때면 기도를 하고 신의 이름을 들먹였다. 그런데 그렇게 그런 조약들을 만들어 놓고는 뻔뻔스럽게도 금방 깨버렸다. 그런 행동에 화가 나고 모욕감을 느끼는 게 당연하지 않은가?

백인 역사가들은 절대로 인디언들이 먼저 서약을 부인하지 않았다는 걸 인정한다.

고백하건대, 모범적인 삶을 살아야 한다고 강조해서 말하는 바로 그 사람들이 기독교를 실천하지 않다니, 나는 매우 이상한 생각이 들었다. 그들은 자기네 종교를 모든 족속들에게 퍼뜨리려고 하는데 잘 되지 않아서 안달이 나 있는 것처럼 보인다. 이 땅을 물려받을 만큼 온화하고 참을성 있는 사람, 또는 상당한 존경을 받아 마땅한 중재자를 아직은 보지 못했다.

개인적으로는, 35년 동안 겪어 본 결과 '기독교 문명' 같은 건 없다는 생각이 든다. 기독교와 현대 문명은 서로 대립해 융화할 수 없다고 믿는다. 기독교 정신과 고대 인디언 종교의 정신은 본질적으로 똑같다.

문명은 늘 더 나은 것인가

예수에 대한 이야기를 듣기 훨씬 전부터, 그리고 백인들을 보기 훨씬 전부터 나는 도덕의 본질에 대해 배웠다. 고귀한 자연의 도움을 받아, 할머니는 내게 단순하지만 매우 중요한 것을 가르쳐 주었다. 나는 신을 알고 있었다. 선량함이 뭔지 이해하고 있었다.

진정으로 아름다운 것을 보면 그것을 사랑했다. 나는 문명사회에서 그보다 더 나은 것은 하나도 배운 게 없다!

어린애였을 때 나는 남에게 어떻게 베풀어야 하는지를 알고 있었다. 그렇지만 개화된 이후에는 그런 품위를 잃어버렸다. 나는 자연 속에서 살았다. 그런데 지금은 인공의 숲 속에서 살고 있다. 그때는 예쁜 조약돌 하나도 소중하게 여겼다. 자라고 있는 나무들은 모두 숭배의 대상이었다. 이제는 백인들과 함께 달러로 가치를 평가하는 풍경 그림 앞에서 경배를 드린다!

이런 식으로 인디언들은 개조되었다. 자연 상태의 바위를 갈아서 가루를 낸 뒤에 벽돌로 가공해 현대라는 사회의 담벼락을 세우는 데 사용하듯이 개조되었다.

인디언들은 살아남을 수 있는가

나는 인디언이다. 나는 문명사회에서 많은 것들을 배웠다. 그렇지만 옳고 바른 것이 무엇인지를 아는 인디언의 감각은 결코 잃어버리지 않았다.

문명이란 것의 껍질을 모두 벗겨 내면 가장 핵심적인 알맹이만 남는다. 그것은 거래를 기반으로 하는 생활 체계다. 사람들은 이웃과 나누지 않는다. 울타리를 치고 이웃으로부터 자기 권력을 보호하고, 노동의 생산물을 보호하고, 자신의 사회적 정치적 종교적 지위를 보호한다. 뭘 얻기 위해 그러는가? 다른 동료 노동자들을 지배하고 마음대로 움직이기 위해서 그러는 것이다. 그들의 노동으로 만들어진 결과물을 제 마음대로 하기 위해서 그러는 것이다.

우리 인디언들의 민주적 정신에는 영원히 지속시킬 만한 가치 있는 것이 없는가? 우리의 민주 정신에 따르면 어머니인 대지는 누구나 비용을 지불하지 않고 마음대로 이용할 수 있다. 이웃을 굶주리게 만들거나 이웃을 노예로 만드는 짓을 해서도 안 된다. 대지에서 나오는 좋은 산물은 나만의 소유물이 아니다. 그것을 형제자매들과 함께 사용하고 함께 즐겨야 한다. 그것을 누군가와 나누는 것은 우리의 특권이다.

사실 우리가 우리 부족과 세계에 한 공헌은 물질적인 방법으로는 측정할 수 없다. 우리가 한 가장 큰 공헌은 정신적이고 철학적인 것이기 때문이다. 우리는 말없이 모범에 따르며 말없이 인내하며 당당하게 인디언의 꿈을 간직해 왔다. 그 꿈은 인디언 연합체에 대해 각 개인이 의무와 헌신을 충실히 이행하는 것이다. 우리는 우리의 충성심을 자랑스럽게 드러낼 생각도 없고 우리의 명예심을 이용해 기회를 잡을 생각도 없다.

하지만 우리는 이 나라의 일원으로서 자격이 있다는 것을 거듭해서 증명해 냈다. 고난과 죽음이 닥쳐도 변치 않은 모습을 보여준 것이 그 증거다. 편견의 시선과 인종적 차별을 받았다고 해서 우리는 약속을 어기지 않는다. 이 단순 명확한 생각 때문에 우리는 값비싼 대가를 치렀다. 우리 땅과 자유를 잃었다. 독립적으로 독특한 삶을 살던 종족인 우리 인디언이 몽땅 없어져 버렸다.

  그러나 하나의 이상이기는 하나, 우리는 지금도 살고 있고 앞으로도 살아남을 것이다. 우리의 영화로운 과거 속에도, 시처럼 아름다운 전설과 예술 속에도 살아 있으며 살아남을 것이다. 당신들의 피가 섞인 우리 혼혈들 속에도, 미국 시민 정신이라는 이상을 신뢰하는 충성심 속에도 살아 있고 살아남을 것이다. 뿐만 아니라 살아 움직이는 국가의 중심에도 살아 있고 살아남을 것이다.

3
위대한 추장들이 들려주는 지혜의 목소리

형제여, 우리는 그저 우리 종교를
누리고 싶을 뿐이다

세네카족은 우리가 지금의 뉴욕 주 북부로 알고 있는 지역에 살고 있던 '이로쿼이 부족 연맹'에 속한 한 부족이었다. 이들 부족 연맹은 '5부족 연맹'으로도 알려져 있다. 나중에 투스카로라족이 합류하여 '6부족 연맹'이 되었다. 이들은 정치 기구가 정교하고 세련되어 같은 인디언들도 그들을 독특한 존재로 생각했다. 6부족 연맹은 지금의 뉴욕 주 동쪽 끝에서 서쪽 끝에 이르는 험준한 지역에 널리 퍼져 살았다. 그들은 이 지역을 '롱 하우스 기다란 공동 주택'라고 불렀다. 각 부족들에게는 각자의 정착지와 역할이 정해져 있었다.

세네카족은 가장 서쪽에 살았다. 그리고 롱 하우스의 '서쪽 관문'을 책임지고 있었다. 방문객이나 전령이 이 서쪽 관문에 도착하면, 방문 목적을 알아내어 처리하는 것이 이들의 일이었다. 방문 목적이 별로 중요하지 않을 때는 그들은 자체 협의를 거쳐 처리할 권한이 있었다. 하지만 방문 동기가 연맹의 모든 부족들에게 중요하다고 생각하면, 전령을 보내 회의를 소집했다. 그러면 각 부족들이 모여서 그 문제에 대해 즉시 토론을 벌여, 공통의 이해에 도달할 때까지 이야기를 나눴다. 이런 식으로 협의체와 합의를 통해 통치했기 때문에 이로쿼이 연맹의 주민들은 웅변에 재능이 있었다. 그들은 이상적인 아이디어를 얻기 위해 명확하고 확실한 토론을 벌여야 했다. 만장일치로 결론에 이르기 위해 의견을 확실하게 표명해야 했다. 이로쿼이족은 이를 통해 유창한 웅변술을 기를 수 있었다. 유럽인들은 그걸 보고 로마 원로원의 웅변에 비교하며 놀라곤 했다.

'붉은저고리' 추장은 이런 전통을 계승한 사람이었다. 그는 대단한 공력을 들여 웅변 훈련을 했다. 다른 훌륭한 웅변가들을 연구하고 미묘한 차이가 있는 그들의 웅변 방식을 연구했다. 그는 웅변의 음악적 요소와 언어의 함축성을 깊이 연구해 각고의 노력으로 은유와 시적 표현법을 익혔다.

부족민 중에서 가장 뛰어난 웅변을 구사하게 된 즈음에는, 그의 웅변에 함축성과 시적 표현이 넘쳐 났다. 그의 웅변을 들은 정부 관리 허레이쇼 존스는 그의 천부적인 웅변 재능을 "조물주가 인간에게 선사한 가장 고귀한 선물"이라고 칭송했다.

여기에 실린 붉은저고리의 연설은 1805년 여름에 한 것이다. 이로쿼이 연맹 추장 회의 때였다. 추장들은 매사추세츠 지방의 '복음주의 선교회'에서 보낸 크램이라는 젊은 선교사의 요구 사항을 듣기 위해 모였다. 이 선교회는 이전에도 선교사들을 보내 상당한 성과를 거둔 적이 있었다. 하지만 인디언들은 선교회에서 바라는 만큼 기독교를 완전하게 받아들이지는 않았다. 그래서 선교회는 크램을 이로쿼이족 마을에 정착시켜 살게 하려고 했다. 그곳에 눌러앉아 더 많은 인디언들에게 기독교를 전도하고 교육하기 위해서였다.

크램의 요구 사항은 간단했다. 기독교에 관심을 보이는 인디언들에게 그것을 따를 권리를 달라는 것이었다. 그 말을 듣고 추장들은 두 시간 동안 의견을 교환했다. 그런 다음 붉은저고리가 일어서서 말했다.

형제여, 우리는 그저 우리 종교를 누리고 싶을 뿐이다

친구이자 형제인 그대여, 오늘 우리가 한자리에 모인 것은 위대한 영의 뜻이다. 위대한 영께서는 만사를 주관하시어, 우리 모임을 위해 맑은 날씨를 허락해 주셨다. 해가 뜨기 전에 입고 있던 옷을 벗어 우리에게 밝은 빛을 비춰 주셨다.

우리의 눈은 활짝 열려 앞을 분명하게 볼 수 있었다. 우리의 귀는 줄곧 열려 있어 우리는 당신이 하는 이야기를 명확하게 들을 수 있었다.

이런 모든 배려를 해주신 위대한 영께 감사를 드린다.

형제여, 우리 모임을 위해 피운 모닥불이 우리 곁에서 타오르고 있다. 지금 우리가 모인 것은 당신의 요청에 따른 것이다. 우리는 당신이 말하는 것을 주의 깊게 들었다.

당신은 우리에게 마음속 생각을 자유롭게 말하라고 했다. 이 말을 듣고 우리는 무척 기뻤다. 우리가 당신 앞에 똑바로 서서 우리가 생각하는 바를 말할 수 있다는 생각이 들기 때문이다. 모두가 당신의 목소리를 들었고 모두가 한 사람의 입을 빌려 지금 당신에게 말할 것이다. 우리의 의견은 일치했다.

형제여, 당신은 이곳을 떠나기 전에 당신이 한 말에 대한 대답을 듣고 싶다고 했다. 대답을 들어야 한다는 것은 옳은 말이다. 당신은 집에서 멀리 떨어져 있고, 우리는 당신을 기다리게 하고 싶지 않기 때문이다. 하지만 우리는 먼저 과거를 돌아보고, 우리 아버지들이 우리에게 해주었던 이야기를 들려 드리겠다.

형제여, 우리가 하는 말을 들어 보라.

우리 조상들이 이 커다란 섬을 차지하고 있던 때가 있었다. 세네카족은 다른 여러 부족들과 마찬가지로 이 대륙을 '커다란 섬'이라 불렀다. 그들의 정착지는 해가 뜨는 곳에서부터 해가 지는 곳에 이르기까지 널리 퍼져 있었다. 위대한 영은 이 땅을 인디언들이 사용하라고 만들어 놓으셨다. 들소와 사슴과 다른 수많은 동물들을 만들어 음식으로 먹을 수 있게 해놓으셨다. 곰과 비버를 만들어 그 가죽으로 우리가 옷을 해 입게 만들어 놓으셨다. 그 동물들을 이 땅 곳곳에 흩어 놓고, 잡는 방법을 우리에게 가르쳐 주셨다. 땅에서 옥수수가 자라게 해 빵을 만들어 먹을 수 있게 해주셨다.

이 모든 것은 위대한 영이 붉은 피부를 가지고 태어난 자신의 자손들을 위해 베풀어 주신 것들이다. 위대한 영은 그들을 사랑하기 때문이다.

우리가 사냥터 문제로 논쟁을 벌이긴 했지만, 동물들은 대부분 많은 피를 흘리지 않고 자리를 잡고 살았다. 하지만 참혹한 날이 우리에게 닥쳤다. 당신들의 조상들이 큰 바다를 건너와 이 섬에 내린 것이다.

그들의 숫자는 몇 명 되지 않았다. 그들은 적이 아니라 친구를 찾았다. 그들은 사악한 자들이 두려워 자기네 나라에서 빠져나와 마음껏 종교를 믿기 위해 이곳에 왔다고 말했다. 그들은 우리에게 정착할 땅을 조금만 달라고 했다. 우리는 그들을 불쌍히 여겨 그 요청을 들어주었다. 그래서 그들은 우리들 사이에 자리를 잡았다. 우리는 그들에게 옥수수와 고기를 주었다. 그 보답으로 그들은 우리에게 독약술을 주었다.

형제여, 백인들은 그때 우리들이 살고 있던 땅을 보았다. 물결이

다시 밀려오고 더 많은 백인들이 왔다. 하지만 우리는 그들을 두려워하지 않았다. 우리는 그들을 친구로 여긴 것이다. 그들은 우리를 형제라고 불렀다. 우리는 그들을 믿었다. 그래서 더 많은 땅을 주었다. 마침내 그들의 숫자가 엄청나게 늘어났다. 그들은 더 많은 땅을 달라고 했다. 그들은 우리들이 살고 있는 땅을 달라고 했다.

우리는 비로소 눈을 떴다. 그러자 우리 마음은 불편해졌다. 전쟁이 벌어졌다. 당신들은 인디언들을 고용해 인디언에 맞서 싸우게 했다. 수많은 우리 부족민들이 죽고 말았다. 그들은 또 독한 술을 우리에게 가져다주었다. 그 술은 매우 독해서 수많은 인디언들을 죽였다.

형제여, 전에는 우리들의 땅이 넓었다. 당신들의 땅은 아주 작았다. 당신들의 땅은 이제 아주 커졌다. 우리에게는 겨우 담요나 펼 수 있을 정도의 땅만 남았다. 당신들은 우리가 살고 있던 땅을 차지했다. 하지만 당신들은 그것에 만족하지 않고 있다. 당신들은 당신들의 종교를 우리에게 억지로 믿게 하려고 한다.

형제여, 계속해서 들어 주기 바란다.

당신은 위대한 영의 뜻에 합당하게 그를 섬기는 방법을 가르쳐 주기 위해 우리에게 왔다고 말했다. 그리고 당신들 백인들이 가르치는 종교를 우리가 받아들이지 않으면 우리가 앞으로 불행해질 거라고 말했다. 당신은 당신이 옳으며 우리는 길을 잃고 헤매고 있다고 말한다.

우리는 이 말이 진실이라는 것을 어떻게 알 수 있는가?

우리는 당신들의 종교가 어떤 책에 기록되어 있다고 알고 있다. 만약에 그 책이 우리를 위해서도 기록된 것이라면, 왜 위대한 영은 그것을 우리에게 주지 않았는가? 뿐만 아니라 왜 위대한 영은 우리 조상들에게 그 책에 담긴 지식을 주지 않았는가? 그 지식이 있었다면 그 책을 올바르게 이해할 수 있었을 텐데 말이다. 우리는 단지 당신이 그 책에 대해 우리에게 말해 준 것만 알고 있을 따름이다. 우리는 백인들에게 너무나 자주 속고 있는데, 우리가 언제 그 책을 믿어야 할지 알 수 있는 방법이 있는가?

형제여, 당신은 위대한 영을 숭배하고 그에게 봉사할 방법이 하나밖에 없다고 말한다. 만약에 세상에 종교가 하나밖에 없다면 왜 당신네 백인들은 종교를 대하는 태도가 그렇게 많이 다른가? 당신들은 모두 그 책을 읽을 수 있을 텐데, 왜 모든 사람들의 생각이 일치하지 않는가? 형제여, 우리는 이런 것들을 이해할 수 없다.

우리는 당신네 종교가 당신 조상들에게 주어졌으며, 아버지에게서 아들에게로 대대로 전해 내려왔다고 들었다. 우리 역시 우리 조상들에게 주어진 종교가 있으며, 그것이 대대로 전해 내려와 그들의 자손들인 우리에게까지 내려왔다.

우리는 이런 식으로 믿는다. 우리 종교는 우리가 받은 모든 친절한 행동에 감사하고, 서로 사랑하고, 서로 하나가 되라고 가르친다. 우리는 종교 때문에 싸우는 일이 절대로 없다.

형제여, 위대한 영은 우리 모두를 만드셨다. 하지만 그분은 하얀 피부를 가지고 태어난 자식들과 붉은 피부를 가지고 태어난 자식들을 너무도 다르게 만드셨다. 그분은 우리에게 다른 성격과 다른 풍습을 주셨다. 당신들에게는 예술을 주셨다. 예술에 대해서는 우리의 눈을 열어 주지 않으셨다. 우리는 이것이 사실이라고 알고 있다.

다른 관습에서도 우리 사이에 너무 큰 차이를 만드셨기 때문에, 그분이 우리가 처한 조건에 맞춰 우리에게 다른 종교를 주셨다고 결론 내리지 못할 건 뭔가?

위대한 영이 하시는 일은 모두 옳다. 그분은 자기 자식들에게 가장 좋은 것이 뭔지를 아신다. 그래서 우리는 만족한다.

형제여, 우리는 당신네들의 종교를 파괴할 생각이 없다. 당신들의 종교를 빼앗을 생각도 없다. 우리는 그저 우리 종교를 누리고 싶을 뿐이다.

형제여, 당신은 땅이나 돈을 얻기 위해 온 것이 아니라고 한다. 우리의 마음을 깨우쳐 주기 위해서 왔다고 한다. 지금 나는 당신에게 말해야겠다. 나는 당신들의 예배에 참석했을 때 사람들에게 돈을 걷는 걸 보았다. 그 돈이 무엇을 위한 돈인지 나는 알 수 없다. 그러나 당신들의 목사를 위한 돈이라는 짐작은 할 수 있다. 우리가 당신들의 사고방식을 따라야 한다면, 아마 당신들은 우리에게서도 어느 정도의 돈을 바랄 것이다.

형제여, 우리는 당신이 이곳에서 백인들에게 설교하는 것을 들었다. 그 사람들은 우리 이웃이다. 우리는 그들을 잘 안다. 우리는 잠시 시간을 두고 당신의 설교가 그들에게 어떤 영향을 미치는지를 관찰할 것이다. 그들에게 좋은 영향을 미쳐 그들을 정직하게 만들고 인디언을 덜 속이도록 마음을 바꿔 준다면, 그때 우리는 당신이 한 이야기를 다시 생각해 볼 것이다.

형제여, 당신은 이제 당신이 한 말에 대한 우리의 대답을 들었다. 이것이 지금 우리가 말할 수 있는 전부다. 이제 우리는 헤어져야 하기 때문에, 우리는 당신에게 다가가서 손을 잡고, 당신이 당신 친구들에게 무사히 돌아가게 해달라고 위대한 영께 기원할 것이다.

연설을 끝내고, 붉은저고리는 일어나서 선교사에게 다가가 손을 내밀었다. 선교사는 그 손을 잡지 않았다.

우리에게도 다른 종족들처럼
살아갈 기회를 달라

인디언뿐만 아니라 인디언이 아닌 사람들도 네즈퍼스족의 조지프 추장을 모든 인디언 지도자들 중에서 가장 위대한 사람으로 여긴다. '버팔로 빌'로 더 잘 알려진 윌리엄 코디는 조지프 추장을 "미국이 낳은 가장 위대한 인디언"이라고 불렀다. 에드워드 커티스는 생애 대부분을 아메리칸 인디언들을 찍으면서 보낸 사진작가였는데, 조지프 추장을 가리켜 "세상에서 가장 위대한 사람 중 하나"라고 했다.

  이런 표현들은 정당하다. 조지프 추장처럼 정의롭고 끝까지 포기하지 않았으며, 자신이 태어난 부족과 땅에 대한 애정을 흔들림 없이 유지한 사람은 없었다. 그는 누구를 만나든 편견을 갖고 대한 적이 단 한 번도 없었으며, 부족의 이익을 위해 일하려고 끊임없이 노력했다.

조지프는 1871년 아버지가 사망하자 네즈퍼스족의 추장이 되었다. 그는 거의 해결이 불가능한 복잡한 상황을 물려받았다. 1854년에 네즈퍼스족은 그들의 고향 땅을 지키기 위해 미국 정부가 제시한 원치 않는 조약에 서명을 해야 했다. 그러나 조지프의 아버지가 그 조약에 실제로 서명했는지에 대해서는 몇 가지 의문이 있다. 하지만 그가 그러한 생각에 격렬히 반대한 것만은 확실하다.

이 조약 때문에 네즈퍼스족의 땅은 심각하게 줄어들었다. 그러나 남아 있는 땅은 여전히 네즈퍼스족이 차지하고 살 수 있도록 보장되었다. 하지만 1860년, 그 땅에서 금이 발견되자 거의 모든 이민자들이 하룻밤 사이에 네즈퍼스족의 땅으로 몰려들었다. 조약은 노골적으로 훼손되었다.

그러나 미국 정부는 또 다른 조약에 서명하라고 네즈퍼스족을 압박했다. 그들의 땅을 더 떼어 달라는 조약이었다. 네즈퍼스족은 새로운 조약에 동의할 수 없었다. 조약이 체결되면 그들의 땅은 또다시 10분의 1로 줄어들 것이었다. 부족 연맹체는 해체될 수밖에 없었다. 조지프의 아버지는 서명에 반대하는 쪽이었다. 그런데 다른 추장이 미국 정부와 조약을 체결해 버렸다. 그 조약으로 조지프 부족의 땅도 영향을 받지 않을 수 없었다.

그 뒤에 조지프는 자기 부족의 추장이 되었다. 이주민들이 그의 땅으로 쏟아져 들어오기 시작했다. 이주민들은 네즈퍼스 영토를 침범한 것이 정당하다는 근거로 그의 아버지가 서명하지도 않은 조약을 들었다.

명예를 대단히 존중했던 조지프는 자신이 아주 골치 아픈 상황에 깊이 빠져 있음을 깨달았다. 그는 고향 땅을 포기하지 않았다. 그의 아버지가 끝까지 지키겠다고 맹세한 땅이었다. 하지만 백인 이주민들은 아무것도 모르고 그들이 사는 계곡으로 몰려들었다. 성실하게 살아가는 사람들이었다. 조지프 추장은 어렵게 살아가는 그들에게 해를 입히고 싶지 않았다.

하지만 부족들이 살아갈 땅을 지키기 위해, 조지프는 부족회의를 소집한 뒤, 정착민들에게 그 땅을 떠나라고 했다. 마침내 대통령 포고령으로 부족들의 땅을 유지할 수 있었다. 하지만 채 일 년도 못 되어 인디언 문제 담당 장관이 조지프에게는 알리지도 않고 이 포고령을 바꿔 버렸다.

이런 사건이 계속되자 결국 조지프는 자기 부족을 이끌고 조약에 서명을 하지 않은 인디언들과 함께 그 유명한 1600킬로미터에 이르는 유랑의 길을 떠났다. 바위투성이의 험준한 오리건, 아이다호, 몬태나 주를 지나 평화롭게 살 수 있는 캐나다로 가려고 했다.

네즈퍼스족은 그들의 탈출을 전투라고 생각하지 않았다. 실제로 그들은 이동을 위해 어쩔 수 없을 때만, 그리고 나이 든 분들이나 아이들을 보호할 필요가 있을 때만 싸웠다. 조지프는 인내심을 가지고 전사들의 화를 다스렸다. 탈출로를 헤쳐 나가다가 백인 정착민들을 만나면 그들을 도와주기까지 했다.

하지만 그 이동은 미국 전역에서 화제가 되고 말았다. 언론이 주요 사건으로 다루기 시작한 것이다. 결국 미국 정부는 여기저기 흩어져 있는 미국 군대의 포위망을 뚫고 인디언 난민 그룹이 이동하는 것을 허용하지 않기로 결정을 내렸다.

1877년 10월 5일, 자유로운 땅 캐나다를 겨우 50~60킬로미터 남겨 두고 네즈퍼스족은 심장이 찢어질 듯이 고통스런 결정을 내려야 했다. 미국 군대가 다시 그들을 포위한 것이다. 전사들은 포위망을 벗어날 수 있었지만, 그렇게 하기 위해서는 노인, 부상자, 어린이 들을 떼어 놓고 갈 수밖에 없었다. 그들은 그렇게 하지 못했다.

조지프는 또 다른 네즈퍼스족의 추장과 이 문제를 놓고 토론을 벌였다. 그 뒤 그는 10월의 이른 새벽에 말을 타고 '곰발바닥' 언덕을 향해 나아갔다. 그리고 미국 군대의 대표자에게 이제는 유명해진 연설을 하기 시작했다. "지금 태양이 떠 있는 이 시점을 마지막으로, 나는 영원히 전투를 하지 않겠다."

그것은 항복한다는 뜻이 아니었다. 그는 '앉아있는황소' 추장이 오고 있기 때문에 그와 합류하면 병력이 증강되리라고 믿었다. 기다리면 이길 수 있다고 믿은 것이다. 하지만 미국 군대의 장군은 그에게 무기를 내려놓으면 네즈퍼스족이 그들의 고향으로 돌아갈 수 있게 해주겠다는 약속을 했다. 조지프는 그게 휴전 제안이라고 생각했다. 그는 그것을 받아들였다. 184명의 여자들과 147명의 어린이들이 추위와 굶주림에 고통을 당하고 있었기 때문이다. 하지만 미국 정부는 그 장군의 약속을 금방 깨버렸다. 그들은 조지프와 네즈퍼스족을 노스다코타를 거쳐 캔자스로 몰아갔다. 그곳에서 말라리아가 퍼져 부족민들이 죽어 나갔다.

조지프가 그의 부족에 대한 소송 사건을 변론하기 위해 워싱턴으로 간 배경에는 이런 사정이 있었다. 조지프가 자기 부족을 미국 군대 앞에 무릎 꿇게 한, 쌀쌀하게 바람 몰아치는 10월의 그 날로부터 1년여가 지난 1879년 1월 14일, 조지프는 워싱턴의 링컨홀에 서 있었다. 의회 의원, 외교관, 고위 성직자 들 앞에서 그는 여기에 실린 연설을 했다.

우리는 그날 저녁 그가 한 연설 내용을 단어 하나까지 정확하게는 알 수 없다. 우리에게 전해진 내용은 몇 달 뒤에 정기 간행물 〈북아메리카 리뷰 The North American Review〉에 실린 내용이다. 하지만 우리가 가지고 있는 자료를 보면 그 두 시간 동안 그가 어떤 미국인보다도 더 가슴 사무치게 인디언들이 겪은 일들을 그려 냈다는 것을 짐작할 수 있다.

조지프는 간단하고 직설적인 문장으로 말한다. 그래서 듣는 사람이 문제의 핵심을 금방 알아들을 수 있다. 연설의 요지는, 평화롭고 부유한 나라에서 그의 부족민들은 점점 약해져 병든 사람 몇

몇만 남아 있는데, 그나마 환경은 불결한 데다 음식도 없고 약도 없어 살아가기에 부적당한 땅에서 살고 있다는 것이었다.

그의 논리에는 논쟁의 여지가 없다. 잘 억제된 열정은 매혹적이다. 그는 솔직하고 명확하게 말한다. 그의 서술은 정직하다. 적당히 얼버무리는 법이 없다. 누구도 이렇게 말하지는 못했다. 비장함, 힘, 분노, 위엄이 느껴지는 연설이다. 아마 어떤 연설보다도 북아메리카 땅에 유럽 사람들이 도착하고 나서 아메리카 원주민들이 겪은 일을 생생하게 들려주는 연설일 것이다.

나를 내 맘대로 살 수 있게 놓아 달라
내 맘대로 생각하고 말하고 행동할 수 있게 놓아 달라

나의 친구들이여, 당신들은 내게 마음을 열어 보여 달라고 청했다. 반갑게도 그 기회가 왔다. 백인들이 우리 부족들을 이해하는 기회가 되기를 바란다.

어떤 백인들은 인디언이란 야생동물과 다를 바 없다고 생각하고 있다. 이건 대단한 오해다. 당신들에게 우리 부족에 관한 이야기를 모두 해주겠다. 그러면 인디언들이 인간인지 아닌지 판단할 수 있을 것이다.

우리가 마음을 조금만 더 열면 많은 문제들을 해결할 수 있으리라고 믿는다. 인디언들이 세상을 바라보는 법을 내 방식대로 말해 주겠다. 백인들은 인디언에 대해 할 말이 더 많을 것이다. 인디언이 어떻게 생겼는지 더 다양한 방법으로 표현할 것이다. 그러나 진실을 말하는 데는 많은 말이 필요하지 않다.

나는 빙빙 돌려서 말하지 않는다. 내가 하는 말들은 내 가슴속에서 직접 나온 말들이다. 나는 직설적으로 말하겠다. 위대한 영이 나를 내려다보고 있다. 내가 하는 말도 들을 것이다.

내 이름은 '인뭇투얄랏랏산맥 위를 구르는 천둥'이다. 나는 추테팔루족, 혹은 네즈퍼스족의 왈람왓킨 부족 추장이다. 나는 서른여덟 번의 겨울 이전에 오리건 동쪽에서 태어났다.

내 아버지는 나에 앞서 우리 부족의 추장을 지냈다. 젊은 시절, 선교사 스폴딩 씨는 아버지를 조지프라고 불렀다. 그분은 5년 전에 돌아가셨다. 그는 평판이 좋은 분이었다. 나에게도 부족에 대한 조언을 많이 해주었다.

우리 아버지들은 우리들에게 많은 규범을 내려 주셨다. 그분들도 자신의 아버지에게서 배운 규범이었다. 그 규범들은 매우 훌륭했다. 규범에 따르면 어떤 사람이든 그 사람이 나를 대우하는 것과 똑같이 그 사람을 대우하라고 했다. 그리고 계약을 먼저 깨뜨려서는 절대 안 된다고 했다. 거짓말을 하는 것은 치욕스러운 짓이라고 했다. 진실만을 말하라고 했다. 대가를 지불하지 않고 남의 아내나 재산을 빼앗는 것은 부끄러운 짓이라고 했다.

우리는 위대한 영은 보고 듣지 못하는 것이 없으며 잊어버리는 것도 없다고 배웠고, 그렇게 믿고 있다. 위대한 영은 장차 모든 사람들에게 각자가 쌓은 공과에 따라 영혼의 집을 주신다고 배웠고 그렇게 믿는다. 그러므로 착하게 산 사람이라면 좋은 집을 받을 것이고, 악하게 산 사람이라면 나쁜 집을 받을 것이다. 나는 이렇게 믿고 있다. 우리 부족들도 모두 똑같이 믿고 있다.

우리는 1백 번 정도의 겨울 이전에는 세상에 인디언들 외에 다른 족속들도 살고 있다는 걸 알지 못했다. 그때 얼굴이 하얀 사람들이 우리나라에 들어왔다. 그들은 모피나 가죽과 바꾸기 위해 많은 물건을 가지고 왔다. 우리가 처음 보는 담배를 가져왔다. 여자들과 애들을 놀라게 한 부싯돌 달린 총을 가져왔다. 우리 부족민들은 얼굴이 하얀 사람들과 말이 통하지 않았다. 그래서 누구나 이해할 수 있는 손짓 발짓으로 의사소통을 했다.

그 사람들은 프랑스 사람들이라고 했다. 그 사람들은 우리를 '네즈퍼스코를 뚫은 사람'라고 불렀다. 우리 부족 사람들이 코에 구멍을 뚫어 고리 장식을 하고 있었기 때문이다. 지금은 코걸이 장식을 별로 하지 않지만, 사람들은 우리들을 여전히 같은 이름으로 부른다.

이 프랑스 모피 수집상들은 우리 아버지들에게 많은 것을 이야기해 주었다. 그것을 우리는 아직도 기억하고 있다. 어떤 것은 우리에게 좋은 이야기였지만, 어떤 것은 나쁜 이야기였다.

우리 부족민들은 프랑스 사람들에 대해 각각 다른 의견을 보였다. 어떤 사람들은 좋은 것보다는 나쁜 것을 더 많이 가르치는 사람들이라고 했다. 인디언은 용감한 사람은 존경하지만 겁쟁이는 경멸한다. 인디언은 솔직한 사람은 좋아하지만 애매모호하게 말하는 사람은 싫어한다. 프랑스 모피 수집상들은 우리에게 어느 정도 진실을 말했지만 거짓말을 하기도 했다.

이 땅에 맨 처음 들어온 백인은 루이스와 클라크라는 사람들이었다. 그들은 우리가 보지도 듣지도 못했던 물건을 많이 가지고 왔다. 그 사람들은 솔직하게 말했다. 우리는 진심으로 친구로 맞이한다는 걸 보여 주기 위해 큰 잔치를 열어 환영해 주었다.

그들은 매우 친절했다. 추장들에게 선물을 주었고, 우리도 그들에게 선물을 주었다. 우리는 말을 많이 가지고 있었다. 그래서 그 사람들이 쓸 만한 말 몇 마리를 주기도 했다. 그 보답으로 그들은 우리에게 총과 담배를 주었다.

네즈퍼스족은 모두 루이스와 클라크의 친구가 되었다. 그래서 우리 부족의 땅을 마음대로 다닐 수 있게 해주고, 백인들과는 절대로 싸우지 말자는 데 의견 일치를 보았다. 이 약속을 네즈퍼스족은 한 번도 깨뜨리지 않았다. 우리 부족을 믿을 수 없다고 비난하거나 대놓고 말하는 백인은 없었다. 백인들과 친구라는 사실을 네즈퍼스족은 늘 자랑스럽게 생각했다.

내 아버지가 젊은 청년이었을 때, 우리 땅에 영혼의 법을 말하는 백인헨리 스폴딩 목사이 왔다. 우리 부족은 그를 따뜻하게 맞아 주었다. 그 사람이 우리에게 좋은 이야기를 해주었기 때문이다. 처음에는 백인들이 우리 땅에 정착하고 싶어 한다는 이야기를 전혀 하지 않았다. 스무 번의 겨울 이전에 백인들 몇 명이 우리 땅에 들어오더니 집을 짓고 농장을 일궜다. 그때까지도 그는 그 문제에 대해서는 아무 말도 하지 않았다.

처음에는 우리 부족 사람들이 별 불평을 하지 않았다. 모두가 평화롭게 살 만한 공간이 충분하다고 생각한 것이다. 그리고 백인들에게서 쓸모 있는 것처럼 보이는 것들을 많이 배웠다.

그러나 백인들이 곧 부자가 되어 인디언들이 갖고 있는 것을 모두 차지하려고 욕심을 부렸다. 백인들의 음모를 맨 먼저 꿰뚫어본 이는 우리 아버지였다. 아버지는 부족민들에게 백인과 물건을 교환할 때는 조심하라고 경고했다. 그분은 돈벌이에 열심인 사람들을 믿지 않았다.

나는 그때 어린 소년이었다. 하지만 아버지의 경고를 다 기억하고 있다. 그분은 우리 부족민 중에서 누구보다도 눈이 날카로웠다.

다음에는 백인 관리 워싱턴 순주 주지사 아이작 스티븐스가 왔다. 그는 네즈퍼스족 전원을 조약 협의 위원회에 초대했다. 위원회가 열리자 그는 속마음을 털어놓았다. 우리 땅에 백인들이 굉장히 많으며 앞으로도 많이 올 것이라고 했다. 그래서 땅에 표시를 해 구획을 나눈 다음에 인디언과 백인을 분리할 수 있도록 해놓겠다고 했다. 백인들이 평화롭게 살기 위해서는 반드시 인디언들이 백인들과 떨어진 곳에 살아야 하며, 그 안에서만 살아야 한다고 말했다.

우리 부족의 대표자인 아버지는 그 위원회와는 어떤 일도 하지 않겠다고 거절했다. 그는 자유로운 사람이고 싶었기 때문이다. 그는 누구도 이 땅을 소유할 수 없으며 자기 것이 아닌 것은 팔 수 없는 법이라고 역설했다.

스폴딩 목사는 아버지의 팔을 잡고 말했다. "자, 조약에 서명하시오."

아버지는 그를 떠밀어 내면서 말했다. "왜 서명 하나로 내 나라를 팔아넘기라고 강요하는 건가? 영혼의 문제를 이야기해야지, 우리 땅을 쪼개는 이야기는 당신이 할 일이 아니다."

스티븐스 지사는 아버지에게 서명을 하라고 독촉했다. 그러나 아버지는 거절했다. "서명하지 않겠다. 당신은 당신이 가고 싶은 곳으로 가라. 나는 내가 가고 싶은 곳으로 가겠다. 당신은 어린애가 아니다. 나도 어린애가 아니다. 난 스스로 생각할 수 있다. 누구도 내 대신 생각해 줄 수는 없다. 여기 말고 다른 고향은 없다. 누가 와도 이 땅은 포기하지 않겠다. 우리 부족은 고향을 잃을지도 모른다. 서류를 치워라. 내 손으로 만지기도 싫다."

아버지는 위원회를 떠났다. 네즈퍼스족의 다른 부족 추장들 중에서 몇 사람이 조약에 서명했다. 그러자 스티븐스 지사는 그들에게 담요를 선물로 주었다. 아버지는 선물을 받지 말라고 하면서 이렇게 경고했다. "시간이 지난 뒤에 그들은 당신들이 땅을 넘긴

대가를 받았다고 주장할 것이다."

그때 이후로 네즈퍼스족 중에서 네 부족은 미국 정부로부터 연금을 받았다. 아버지는 수많은 위원회에 초대를 받았다. 그들은 아버지가 조약에 서명을 하게 하려고 무진 노력을 했다. 하지만 그는 바위처럼 완강해, 서명 하나로 고향을 날려 버리지 않았다. 그의 완강한 반대는 네즈퍼스족 사이에 불화를 일으키는 원인이 되었다.

8년 뒤 1863년에 2차 조약 협의 위원회가 열렸다. 대단히 말이 많아서 '변호사'라는 이름을 얻은 추장이 위원회를 이끌면서 네즈퍼스족의 땅을 거의 대부분 팔아넘겼다.

아버지는 그 위원회에 참석하지 않았다. 아버지는 내게 말했다. "만약 네가 백인들과 함께 위원회에 들어가게 되면, 네 땅을 늘 생각하고 있어야 한다. 그냥 주어 버리면 안 된다. 백인들은 너를 속여서 고향에서 쫓아낼 것이다. 나는 미국 정부로부터 아무런 대가도 받지 않았다. 나는 우리 땅을 팔지 않았다."

이 조약에서 변호사 추장은 우리 부족의 권리를 짓밟았다. 그에게는 왈로와 지역을 팔아넘길 권리가 없었다. 왈로와는 '구불구불 물이 흐르는 땅'이라는 뜻으로 지금의 오리건 주 북쪽 지역이다. 그곳은 내 아버지가 거느린 부족이 조상 대대로 살던 고향으로, 우리 부족은 한 번도 그 땅에서 떠나 본 적이 없었다. 다른 부족들은 우리에게 그 땅에 대한 권리가 있다는 것을 당연하게 생각하고 시비를 걸지 않았다. 왈로와 땅에 관한 한 권리를 주장하는 인디언은 전혀 없었다.

우리가 땅을 얼마나 차지하고 있는지 부족들에게 이해시키기 위해 아버지는 우리 땅을 빙 둘러 장대를 꽂았다. "이 안쪽이 우리 부족의 땅이다. 바깥쪽 땅은 백인들이 가져도 된다. 우리 부족은 모두 이 경계선 안쪽에서 태어났다. 이 안에 우리 조상들의 무덤이 있다. 누가 와도 우리는 이 무덤들을 포기하지 않을 것이다."

미국 정부는 랍와이 보호 구역을 제외한 네즈퍼스의 땅은 변호사 추장과 다른 추장들에게서 모두 사들였다고 주장했다. 하지만 우리는 8년 전까지 그 땅에서 평화롭게 살았다. 그러나 그때부터 백인들이 우리 아버지가 자리 잡고 살던 그 경계선 안으로 들어오기 시작했다.

우리는 그것이 대단히 잘못된 일이라고 그들에게 경고했다. 하지만 그들은 우리 땅을 떠나지 않았다. 적대적인 감정들이 일어나기 시작했다. 백인들은 우리가 전쟁을 일으키려 한다고 주장했다. 그들은 수많은 거짓 보고들을 올렸다.

미국 정부는 또다시 조약 협상 위원회를 열자고 요구했다. 아버지는 눈이 멀고 몸이 약해져 있었다. 그는 더 이상 부족 사람들에게 연설을 할 수 없었다. 내가 아버지 대신 추장 자리에 오른 것은 그때였다. 이 위원회에서 나는 백인들에게 처음 연설을 했다.

나는 위원회에 참석한 인디언 보호관에게 말했다. "나는 이 위원회에 참석하고 싶지 않았다. 하지만 유혈 사태를 막고 싶다. 백인들은 여기 와서 우리 땅을 차지할 권리가 없다. 우리는 미국 정부로부터 선물을 받은 적이 없다. 변호사 추장이건 다른 추장이건 이 땅을 팔아넘길 권리가 없다. 이 땅은 언제나 우리 땅이었다. 우리 조상들에게서 우리 부족이 물려받았다는 건 명백한 사실이다. 우리는 인디언의 피가 단 한 방울이라도 식지 않고 따뜻하게 우리 심장에 남아 있는 한 이 땅을 지켜 나갈 것이다."

보호관은 워싱턴에 있는 백인 대추장에게서 우리를 랍와이 인디언 보호 구역으로 들여보내라는 명령을 받았다고 말했다. 그러면서 우리가 복종하면 여러 가지 방법으로 우리를 돕겠다고 했다. 보호관은 "인디언 보호국까지 가야 한다."고 말했다.

나는 그에게 말했다. "가지 않겠다. 당신들의 도움은 필요 없다. 우리는 가진 게 많다. 백인들이 우리를 건드리지만 않는다면 우리는 만족스럽고 행복하다. 보호 구역은 너무 좁고 사람은 너무 많다. 가축까지 있다. 당신들은 지금 그대로 살아갈 수 있다. 우리는 당신들의 도시에 가서 우리가 필요한 것을 돈을 주고 살 수 있다. 우리에게는 팔 수 있는 말과 소들이 많다. 당신들의 도움은 전혀 받고 싶지 않다. 지금 우리는 자유롭다. 어디든 우리가 원하는 곳으로 갈 자유가 있다. 우리 아버지들은 여기서 태어났다. 여기서 살았고, 여기서 죽었다. 여기에 그들의 무덤이 있다. 우리는 그분들을 떠나지 않을 것이다."

그 관리는 가버렸다. 그래서 우리는 잠시 동안 평화롭게 지낼 수 있었다.

이 일이 있은 뒤 아버지는 곧 사람을 보내 나를 불렀다. 가서 보니 아버지는 죽어 가고 있었다. 나는 아버지의 손을 잡았다. 아버지는 "아들아, 내 몸은 어머니이신 대지로 돌아간다. 내 영혼은 곧 위대한 우두머리 영을 보게 될 것이다. 내가 가고 나면, 네 땅을 어떻게 할지 곰곰이 생각해 보아라. 너는 이 부족의 추장이다. 사람들은 네가 이끌어 주기를 바라고 있다. 네 아버지가 이 땅을 절대로 판 적이 없다는 사실을 언제나 잊지 마라. 고향을 팔아넘기는 조약에 서명하라는 요청을 받거든 바로 귀를 닫아 버려라. 몇 년 더 있으면 백인들이 네 주위에 가득하게 될 것이다. 그들은 이 땅에 눈독을 들이고 있다. 아들아, 내 유언을 절대로 잊지 마라. 이 땅에는 네 조상들이 잠들어 있다. 네 아버지와 어머니의 뼈를 팔아먹어서는 안 된다."

나는 아버지의 팔을 꼭 잡고 목숨을 걸고 아버지의 무덤을 지키겠다고 말했다. 아버지는 미소를 지었다. 그러고는 영혼의 나라로 떠나가셨다. 나는 냇물이 구불구불 흐르는 아름다운 계곡에 그를 묻었다. 나는 그 땅을 세상 어느 곳보다 좋아한다. 자기 아버지의 무덤을 사랑하지 않는 자는 짐승보다 못한 놈이다.

잠시 동안 우리는 조용하게 살았다. 그러나 그 생활이 오래가지는 못했다. 백인들은 시냇물이 구불구불 흐르는 이 땅 주변의 산으로 들어가 금을 찾았다. 그들은 우리에게서 많은 말들을 훔쳐 갔다. 우리는 그것들을 되찾을 수 없었다. 우리는 인디언이었기 때문이다.

백인들은 서로에게 거짓말을 했다. 그들은 우리 소들을 엄청나게 많이 몰고 가버렸다. 어떤 백인들은 송아지에 낙인을 찍어 놓고 자기들 것이라고 우겼다.

우리에게는 법률 위원회 앞에 가서 우리의 주장을 대변해 줄 친구가 없었다. 내 생각에는 왈로와에 있는 백인들이 전쟁을 일으킬 목적으로 이런 짓을 저지르는 것 같았다. 그들은 우리가 그들에 맞서 싸울 만큼 강하지 않다는 사실을 알고 있었다.

나는 갈등과 유혈 사태를 막기 위해 무진 애를 썼다. 우리는 우리 땅의 일부분을 백인들에게 넘겼다. 그러면 평화를 지킬 수 있을 것이라 생각했다. 그것은 우리의 실수였다. 백인들은 우리를 가만 두지 않았다.

우리는 우리의 권리를 침해한 데 대해 여러 차례 보복을 할 수 있었다. 그러나 하지 않았다. 미국 정부는 다른 인디언들과 부딪칠 때면 우리에게 도와 달라고 했는데, 그때마다 우리는 거절한 적이 없었다. 백인들의 숫자가 적고 우리가 강했을 때, 우리는 백인들을 모두 죽여 없애 버릴 수 있었다. 하지만 네즈퍼스족은 평화롭게 살기를 원했다.

우리가 평화를 택하지 않았더라도, 우리는 비난받지 않았을 것이다. 오래전에 맺은 조약은 한 번도 올바르게 보고된 적이 없었다고 생각한다. 그 땅이 우리 땅이었다면 그것은 지금도 여전히 우리 것이다. 우리는 그 땅을 판 적이 없기 때문이다.

조약 협의 위원회에서 위원들은 우리 땅이 이미 정부에 팔렸다고 주장했다. 어떤 백인이 나에게 와서 이렇게 말했다고 생각해 보자. "조지프, 난 당신 말들이 마음에 들어요. 사고 싶어요."

나는 그 사람에게 이렇게 말한다. "안 돼, 내 말들은 내가 타고 다니기에 딱 좋게 길들여 놨어. 팔지 않을 거야."

그런데 그 사람은 내 이웃에게 가서 이렇게 말한다. "조지프가 좋은 말을 가지고 있어. 그걸 사고 싶어. 그런데 팔지 않겠대."

내 이웃이 이렇게 말한다. "나한테 돈을 줘. 그럼 내가 당신한테 조지프의 말을 팔아 줄게."

그 백인이 나에게 돌아와서 말한다. "조지프, 내가 당신 말을 샀어요. 나한테 말을 내줘야 해요."

우리가 우리 땅을 정부에게 팔았다고 하는데, 그렇다면 정부는 우리 땅을 이런 식으로 산 것이다.

네즈퍼스의 다른 부족들이 만든 조약을 근거로 백인들은 우리 땅이 자기들 것이라고 주장했다. 우리는 우리 땅의 경계를 넘어서 몰려드는 백인들 때문에 대단히 골치가 아팠다. 일부는 좋은 사람들이어서 우리는 그들과 한동안 평화롭게 살았다. 그러나 그들은 늘 좋은 사람들은 아니었다.

거의 매년 정부 관리가 랍와이에서 우리를 찾아와 보호 구역으로 옮기라고 명령했다. 우리는 늘 왈로와에서 사는 것이 좋다고 대답했다. 우리는 그들이 내미는 선물이나 연금을 조심스럽게 거절했다.

백인들이 왈로와에 온 이후로는 일 년 내내 우리를 위협하고 조롱했다. 우리를 네즈퍼스 조약 때문에 위협을 받고 조롱을 당했다. 백인들은 우리를 가만두지 않았다.

백인들 가운데는 좋은 친구들도 몇 있었다. 그들은 우리에게 조롱을 당해도 싸우지 말고 참으라고 늘 충고했다. 우리 젊은이들은 성미가 급했다. 그래서 나는 그들이 성급하게 행동하지 못하도록 하느라고 몹시 힘들었다.

소년이었을 때부터 나는 어깨 위에 무거운 짐을 지고 있었다. 나는 그때부터 우리는 수가 몇 안 되고 백인들은 많기 때문에 우리가 가진 것을 백인들과 나누면서 살 수는 없다는 걸 알고 있었다.

우리는 사슴을 좋아했다. 백인들은 회색곰을 좋아했다.

우리 땅은 좁았다. 백인들의 땅은 넓었다.

우리는 위대한 영이 만들어 놓으신 대로 모든 사물들을 보존해 왔다. 백인들은 그렇게 하지 않았다. 그들은 맘에 들지 않으면 강줄기를 돌려놓고 산맥을 바꾸었다.

해마다 우리는 위협을 받으며 살았다. 그러나 2년 전에 하워드 장군이 우리 땅에 와서 자신이 전국을 지휘하는 백인 전쟁 지휘자라는 말을 하기 전까지는 전쟁이 일어나지는 않았다. 그는 이렇게 말했다. "나는 많은 병사들을 거느리고 있다. 그들을 데리고 이곳으로 와서 너희들에게 다시 말하겠다. 다음에 내가 올 때는 백인들의 웃음거리가 되고 싶지 않다. 이 땅은 정부 소속이다. 당신들을 보호 구역으로 보내겠다."

네즈퍼스 땅에 더 많은 군대를 끌고 오겠다는 말에 나는 항의했다. 랍와이 요새에는 늘 군인으로 꽉 차 있는 그의 집이 있었다.

다음 해 봄에 우마틸라 인디언 보호국 관리가 인디언 전령을 내게 보냈다. 왈라왈라에 가서 하워드 장군을 만나라는 전갈이었다. 내가 직접 갈 수는 없었다. 그래서 나는 동생과 다섯 명의 지도자를 보내 그를 만나게 했다. 그들은 오랜 시간 이야기했다.

하워드 장군은 "솔직하게 이야기하는군. 당신들 이야기는 다 옳다. 왈라왈라에 머물러도 좋다."고 말했다.

그는 내 동생이 랍와이 요새로 같이 가야 한다고 고집을 부렸다. 요새에 도착하자 하워드 장군은 전령을 보내 모든 인디언들을 대위원회에 나오라고 불렀다. 나는 그 위원회에 갔다.

나는 하워드 장군에게 말했다. "얘기하시오."

그는 말하지 않겠다고 대답했다. 위원회를 다음 날 열겠다는 것이었다.

나는 하워드 장군에게 말했다. "그럼 오늘은 내가 말하겠다. 나는 많은 위원회에 참석했지만 더 현명해지지는 않았다. 우리는 많은 점에서 다르지만, 모두 한 여자의 몸에서 태어났다. 그렇다고 해서 모습을 바꾸어 다시 태어날 수는 없다. 당신은 당신이 만들어진 그 모습대로 살아간다. 당신이 만들어진 그 모습대로 살아야 계속 살아갈 수 있다. 우리는 위대한 영이 만들어 놓으신 대로 살아간다. 그러니 당신이 우리를 바꿀 수는 없다. 그런데 왜 한 어머니와 아버지에게서 나온 아이들이 서로 싸워야 하는가? 왜 한 아이가 다른 아이를 속여야만 하는가? 위대한 영이 한 종류의 사람들이 다른 종류의 사람들에게 이래라저래라 하고 명령할 권리를 주셨다고 생각하지 않는다."

하워드 장군이 대답했다. "당신은 내 권한을 인정하지 않는군, 그래? 당신은 내게 명령을 하고 싶은가 보군, 응?"

그러자 우리 추장들 중 한 명인 투홀훌수트가 일어서서 하워드 장군에게 말했다. "위대한 영은 세상을 지금의 모습대로 만드셨다. 그분이 원하시는 대로, 그분은 우리가 살 땅을 세상 한쪽에 만드셨다. 위대한 영이 우리에게 마련해 주신 자리에서 살지 말라고 말할 권한을 당신이 어디에서 얻었는지 모르겠다."

하워드 장군은 화가 나서 말했다. "닥쳐라! 그런 말은 더 이상 듣고 싶지 않다. 너희들은 보호 구역에서 살아야 한다고 법에 정해져 있다. 나는 너희들을 보호 구역으로 보내야겠다. 하지만 너희들은 법을 따르지 않고 저항하고 있다. 옮겨 가지 않으면 내가 내 마음대로 그 문제를 처리하겠다. 불복종한 대가로 너희들은 고통을 당할 것이다."

투훌훌수트가 대답했다. "우리에게 말하라고 강요하더니 이제는 말하지 말라고 하는 그대는 누군가? 그대가 위대한 영인가? 그대가 이 세상을 만들었는가? 그대가 태양을 만들었는가? 그대가 우리가 마실 수 있게 강을 흘러가게 했는가? 그대가 풀들을 자라게 했는가? 그대가 세상 만물을 만들었는가? 그래서 그대는 우리가 어린아이나 되는 것처럼 말을 하는가? 만약 그대가 그렇게 한 것이라면, 지금처럼 말할 권리가 있다."

하워드 장군이 대답했다. "건방진 놈이구나. 유치장에 처넣어 버리겠다." 그러더니 한 병사에게 그를 체포하라고 명령했다.

투훌훌수트는 저항하지 않았다. 그는 하워드 장군에게 물었다. "당신의 명령인가? 마음대로 해라. 나는 내 생각을 당신에게 밝힌 것이다. 나는 취소할 생각이 전혀 없다. 나는 내 땅을 위해 말한 것이다. 당신은 나를 체포할 수 있다. 하지만 내 마음을 바꿀 수는 없다. 내가 한 말을 취소하게 할 수도 없다."

그 병사는 앞으로 나와 내 친구를 붙잡아 유치장으로 데리고 갔다. 우리 일행은 이 일을 어떻게 처리하면 좋을지 속삭이는 목소리로 상의했다.

나는 그들에게 굴복하라고 충고했다. 하워드 장군은 물론이고 백인들 앞에서 저항을 했다가는 순식간에 죽을 수도 있으며, 결국 우리만 비난받게 된다는 걸 알고 있었다. 내가 아무 말도 하지 않으면, 하워드 장군은 우리 일행에게 부당한 명령을 내리지 않을 것이 분명했다.

나는 뭐가 위험한지 알고 있었다. 그들이 투훌홀수트를 감옥으로 끌고 가는 동안 내가 일어서서 말했다. "이제 내가 말을 해야겠다. 당신이 나를 체포하건 말건 상관하지 않겠다."

나는 우리 부족 사람들을 향해 돌아서서 말했다. "투훌홀수트를 체포한 것은 잘못된 일이다. 하지만 우리는 이런 모욕적인 행동에 화를 내서는 안 된다. 우리는 이 위원회에 우리 생각을 말하기 위해 초대를 받았다. 그리고 우리는 그렇게 했다." 투훌홀수트는 5일 동안 갇혀 있다가 풀려났다.

위원회는 그날 산회했다. 다음 날 아침 하워드 장군이 내 숙소로 왔다. 우리 부족이 살 땅을 찾으러 가자고 했다.

같이 가는 동안 우리는 좋은 장소를 찾았지만 이미 다른 인디언들과 백인들이 살고 있었다. 하워드 장군은 그곳을 가리키면서 말했다. "당신들이 인디언 보호 구역으로 들어오면, 당신들에게 이 땅을 주고 저 사람들을 다른 곳으로 옮기겠다."

나는 대답했다. "안 된다. 그것은 저 사람들을 괴롭히는 잘못된 행동이다. 내게는 저 사람들의 집을 빼앗을 권리가 없다. 나는 내 것이 아닌 것에는 한 번도 손을 댄 적이 없다. 지금도 마찬가지다."

우리는 하루 종일 보호 구역을 달렸다. 그러나 살 만한 좋은 땅을 발견하지 못했다. 나는 어떤 정직한 사람에게서 하워드 장군이 그날 밤 편지를 보냈다는 이야기를 들었다. 왈라왈라에 있는 병사들에게 왈로와 계곡으로 가서 우리들이 집으로 돌아가면 계곡에서 몰아내 버리라고 했다는 내용이었다.

다음 날 하워드 장군이 도도한 태도로 나에게 우리 부족들이 고향으로 돌아가서 가축들을 모두 불러 모아 보호 구역으로 옮기는 데 30일의 시간을 주겠다고 말했다. 그는 이렇게 말했다. "그때까지 당신들이 이곳에 도착하지 않으면 싸우겠다는 뜻으로 받아들이고 당신들을 몰아내기 위해 병사들을 보내겠다." 내가 말했다. "전쟁은 피할 수 있다. 그리고 피해야 한다. 나는 전쟁을 원하지 않는다. 우리 부족은 언제나 백인들과 친구로 지내 왔다. 당신은 왜 이렇게 서두르는가? 우리는 30일 안에 옮겨 갈 준비가 되어 있지 않다. 우리 가축들은 흩어져 있고, '뱀의 강'은 매우 깊다. 가을까지 기다려 달라. 그러면 강의 수위가 낮아질 것이다. 우리에게는 가축을 찾아내고 겨울 식량을 모을 시간이 필요하다."

하워드 장군이 대답했다. "하루만 시간을 넘겨도 병사들이 달려가 당신들을 보호 구역으로 몰아낼 것이다. 그때 보호 구역 밖에 남겨진 당신들의 소와 말은 백인들 차지가 될 것이다."

나는 내 땅을 팔아넘긴 적이 없다. 그리고 랍와이에는 내 땅이 없었다. 하지만 나는 유혈 사태를 원치 않았다. 내 부족민들이 죽는 것을 원치 않았다. 누구라도 죽는 걸 원치 않았다.

우리 부족 사람 중 몇몇은 백인들에게 죽었다. 하지만 살인을 저지른 백인들이 처벌을 받은 적은 없다. 나는 하워드 장군에게 그 이야기를 했다. 그리고 나는 전쟁을 원치 않는다고 다시 한 번 말했다. 나는 랍와이에서 우리가 차지할 땅에 살고 있는 사람들이 추수를 할 시간을 벌어 주고 싶었다.

나는 마음속으로 생각했다. 전쟁을 하느니 내 땅을 포기하는 게 낫다. 내 아버지의 무덤을 포기하는 게 낫다. 우리 부족 사람들의 손에 백인들의 피를 묻히느니 차라리 모든 것을 포기하는 게 낫다.

하워드 장군은 우리 부족과 가축들이 옮겨 가는 데 30일보다 더 많은 시간을 달라는 내 제안을 받아들이지 않았다. 그는 곧 전쟁 준비를 시작할 게 뻔했다.

내가 왈로와에 돌아오자 계곡에는 이미 병사들이 와 있었다. 그걸 본 우리 부족 사람들은 매우 흥분해 있었다. 우리는 회의를 열어 곧장 떠나기로 결정했다. 유혈 참사를 피하기 위해서였다. 감옥에 갇힌 일 때문에 모욕을 느낀 투홀훌수트는 전쟁을 하자면서 우리 젊은이들을 부추겼다. 고향 땅에서 개처럼 쫓겨나는 것보다는 싸우는 게 낫다는 것이었다. 하워드 장군이 자신에게 준 모욕은 피로 씻어 낼 수밖에 없다고 외쳤다. 그런 말에 반대하려면 대단한 용기가 필요했다. 하지만 나는 부족민들에게 조용히 침묵하라고, 전쟁을 벌여서는 안 된다고 거듭 간청했다.

우리는 찾을 수 있는 가축은 모두 모았다. 그리고 움직이기 시작했다. 우리는 왈로와에 있는 수많은 말과 소 들을 그냥 두고 떠났다. 강을 건너면서 수백 마리를 잃었다. 부족 사람들은 무사히 강을 건넜다.

다른 네즈퍼스 부족들이 대위원회를 열기 위해 '바위 협곡'에 모여들었다. 나는 우리 부족민들과 함께 갔다. 이 위원회는 열흘이나 계속되었다. 엄청난 규모의 전쟁 이야기가 나오고 모두들 대단히 흥분했다. 5년 전에 백인에게 아버지를 잃은 한 용감한 젊은이가 참석했다. 이 사람의 집안은 백인에게 적의를 품고 있었다. 그는 복수를 하자고 요청하고는 위원회를 나가 버렸다.

나는 다시 한 번 평화를 지키자고 권했다. 위험한 때는 지났다고 생각했다.

우리는 하워드 장군의 명령에 따르지 않았다. 따를 수가 없었기 때문이다. 하지만 가능하면 그 명령대로 하려는 생각은 갖고 있었다. 내가 가족들에게 먹일 소를 잡으려고 위원회를 나오는데 소식이 왔다. 백인에게 아버지를 잃은 그 젊은이가 혈기 왕성한 다른 용사 몇 명과 함께 백인 네 명을 죽였다는 소식이었다.

그는 위원회가 열리고 있는 곳까지 말을 타고 달려와서는 소리쳤다. "여자들처럼 여기 얌전히 앉아 있는 이유가 뭔가? 전쟁은 이미 시작되었다."

나는 너무나 슬펐다. 내 동생의 천막과 내 천막을 빼고는 야영지의 모든 천막이 철거되고 있었다. 전쟁이 닥쳐오고 있다는 것을 예감하고 있었다. 우리 부족의 젊은이들이 몰래 무기를 사들이고 있다는 것을 알고 있었기 때문이다. 나는 투훌훌수트가 하워드 장군 명령으로 감옥에 갇혔던 이후 전투대를 완전히 조직해 놓았다는 이야기를 들었다. 이 일에 우리 부족 모두가 연루될 것이 뻔했다. 전쟁을 피할 수 없다는 걸 알았다. 시간은 지나가고 있었다.

나는 처음부터 평화를 지키자고 간청했다. 미국 정부와 싸우기에는 우리가 너무 약하다는 걸 알고 있었기 때문이다. 우리는 불만이 많았다. 하지만 전쟁은 불만을 해소하기보다는 더 많은 불만을 만들 게 분명했다.

우리에게는 착한 백인 친구들이 있었다. 그들은 우리에게 전쟁을 피하라고 충고해 주었다. 내 친구이자 형제인 채프먼 씨는 우리가 굴복한 이후에 계속 우리와 함께 있었다. 그는 우리에게 전쟁을 끝낼 방법만 이야기했다. 채프먼 씨는 우리의 반대편에 서서 하워드 장군도 도왔다. 그렇지만 나는 그를 비난하지 않았다. 그는 살육을 피하려고 노력했다.

우리는 백인 정착민들이 군대에 합류하지 않기를 바랐다. 전쟁이 시작되기 전에 우리는 이 문제를 전면적으로 검토해 보았다. 우리 부족 사람들 중 많은 이들이 정착민들에게 경고하자는 데 찬성했다. 우리 반대편에 가담하지 않으면 하워드 장군이 전쟁을 일으키더라도 백인 정착민들을 괴롭히지 않겠다는 내용이었다. 전쟁 위원회에서 이 계획을 투표에 붙였다.

우리 부족민 중에는 백인들과 싸운 적이 있는 위험한 사람들이 있었다. 그들의 행동이 잘못되었다고 말하자, 그들은 위원회에서 백인들에게 나쁜 감정을 가진 사람들을 자극하기 시작했다. 그때까지도 나는 그들이 전쟁을 시작하리라는 생각은 할 수도 없었다.

부족의 젊은이들이 대단히 큰 잘못을 저지른 것은 나도 알고 있었다. 하지만 나는 이렇게 물었다. "누가 먼저 잘못했는가?" 그들은 수천 번이나 모욕을 당했다. 그들의 아버지와 형제들은 죽임을 당했다. 그들의 어머니와 아내는 치욕스러운 일을 당했다. 그들은 백인들이 팔아먹은 위스키를 마시고 미쳐 버렸다. 하워드 장군은 그들에게 왈로와에서 몰고 나올 수 없는 말과 소 들은 모두 백인들 차지가 된다고 했다. 게다가 이제는 고향도 잃어버려서 자포자기 상태가 되어 있었다.

나는 우리 부족민들이 백인들을 죽이지 못하게 막을 수만 있다면 내 목숨이라도 주고 싶었다.

나는 우리 젊은이들 책임이라고 생각한다. 그리고 백인들 책임이라고도 생각한다. 우리 부족에게 왈로와에서 가축을 몰고 나올 시간을 주지 않은 하워드 장군의 책임이라고도 생각한다. 나는 하워드 장군이 언제든지 우리에게 왈로와 땅을 떠나라고 명령을 내릴 권리가 있다는 것을 인정할 수 없다. 내 아버지와 내가 그 땅을 팔았다는데 나는 그 사실을 인정하지 않는다. 그 땅은 여전히 우리 땅이다. 다시는 우리 고향이 될 수 없게 되었지만, 내 아버지는 그곳에 잠들어 있다. 나는 어머니를 사랑하는 것 못지않게 그 땅을 사랑한다. 나는 살육을 피할 수 있기를 바라면서 그곳을 떠났다.

하워드 장군이 가축을 모을 시간만 충분히 주었더라면, 투훌훌수트를 마땅히 대접받아야 할 남자로서 대접해 주었더라면, 전쟁은 없었을 것이다.

내 백인 친구들은 전쟁의 책임을 나에게 돌렸다. 내 잘못이 아니다. 우리 부족의 젊은이들이 백인들을 살해하기 시작했을 때 내 마음도 큰 상처를 받았다. 그들이 정당하지 못하다고는 했지만, 나는 내가 견뎌 낸 그 수많은 모욕을 잊지 않았다. 나는 피가 끓어올랐다. 나는 가능하면 싸우지 않고 우리 부족 사람들을 들소들이 살고 있는 그 땅으로 데리고 가고 싶었다. 그렇지만 전쟁을 피할 방법을 찾을 수 없었다.

우리는 25킬로미터 떨어진 샛강까지 가서 야영을 했다. 떠나기 전에 가축을 모으기 위해서였다. 하지만 병사들이 우리를 공격했다. 첫 전투는 그렇게 시작되었다.

그 전투가 벌어졌을 때 우리는 60명이었고 병사들은 100명이었다. 싸움은 오래가지 않았다. 몇 분 만에 병사들은 20킬로미터 밖으로 물러갔다. 33명의 병사가 죽고 7명이 부상을 당했다.

인디언들은 싸울 때 반드시 적을 겨냥해 총을 쏜다. 그러나 병사들은 마구잡이로 쏜다. 또 우리는 병사들의 머리 가죽은 하나도 벗기지 않았다. 우리는 전리품으로 머리 가죽을 벗기는 것이 정당하다고 생각하지 않는다. 부상당한 사람을 죽이는 것도 정당하다고 생각하지 않는다. 인디언들이 부상을 당한 채 전투가 벌어진 들판에 쓰러져 있지 않았다면 병사들은 그렇게 많은 인디언들을 죽일 수 없었을 것이다. 병사들은 그런 인디언들을 죽였다.

첫 전투가 벌어지고 나서 7일 뒤에 하워드 장군이 네즈퍼스 땅에 왔다. 700명의 병사들을 더 데리고 왔다. 이젠 정말 전쟁이 벌어진 것이다.

우리는 '연어의 강'을 건넜다. 하워드 장군이 따라올 것이라고 생각했다. 그는 기대를 저버리지 않았다. 우리 뒤를 쫓아왔다. 우리는 방향을 돌려 그의 전투 부대와 보급 부대 사이로 들어갔다. 우리는 3일 동안 그를 포위하여 보급을 끊어 버렸다.

하워드 장군은 길을 뚫기 위해 2개 중대를 보냈다. 우리는 그들을 공격해 장교 하나, 정찰병 둘, 병사 열 명을 죽였다.

우리는 병사들이 추격해 올 것이라 생각하고 후퇴했다. 하지만 그들은 그날 힘겹게 싸웠기 때문에 추격을 하지 못하고 참호를 파고 숨었다. 다음 날 우리는 다시 공격했다. 그 전투는 하루 종일 계속되었고, 다음 날 아침에 또다시 시작되었다. 우리는 네 명을 죽이고 일고여덟 명에게 부상을 입혔다.

이때쯤에 하워드 장군은 우리가 자기들 뒤에 있다는 걸 알았다. 5일 뒤에 그는 350명의 병사와 정착민들을 동원해 우리를 공격했다. 우리 전사는 250명이었다. 그 전투는 27시간이나 계속되었다.

우리는 네 명이 죽었고 대여섯 명이 부상을 당했다. 하워드 장군 측의 손실은 29명 사망, 60명 부상이었다.

다음 날 병사들이 우리에게 돌진해 왔다. 우리는 가족들과 가축을 이끌고 몇 킬로미터 뒤로 후퇴했다. 떠나면서 미처 챙기지 못한 80채의 천막은 모두 하워드 장군 손에 들어갔다.

우리는 수적으로 열세라는 걸 깨닫고, '쇠비름 계곡'까지 후퇴했다. 이곳에는 또 다른 병사들의 무리가 있었다. 그들은 우리에게 와서 항복하라고 했다.

우리는 거절했다.

그들은 "이곳을 지나갈 수 없다."고 했다.

우리는 "당신들이 길을 터주면 싸우지 않고 지나가겠다. 하지만 어떻든 우리는 이곳을 지나갈 것이다."라고 대답했다.

그때 우리는 이 병사들과 조약을 맺었다. 우리는 단 한 사람도 괴롭히지 않겠다는 데 동의했다. 그들은 우리가 평화롭게 '쇠비름 땅'을 지나가는 데 동의했다.

우리는 그곳에 있는 백인들에게 가축을 팔아 식량을 샀다. 우리는 더 이상은 전쟁이 벌어지지 않을 거라고 생각했다. 우리는 들소들이 있는 땅까지 무사히 가고 싶었다. 나중에 우리 땅으로 다시 돌아갈 수 있을지는 알 수 없었다.

그렇게 생각하며 우리는 4일 동안 이동했다. 문제가 다 해결되었다는 생각에 우리는 이동을 멈추고 가지고 온 천막을 세우기 위해 지지대를 준비했다.

우리는 다시 시작했다. 이틀이 지났을 때 백인들 셋이 우리 야영지 곁을 지나가는 것을 보았다. 평화로운 상황이라고 생각하고 우리는 그들에게 간섭을 하지 않았다. 우리는 그들을 죽이거나 가둬 둘 수도 있었다. 하지만 그들이 염탐꾼이라는 의심은 하지 않았다. 그런데 그들은 염탐꾼이었다.

그날 밤 병사들이 우리 야영지를 둘러쌌다. 새벽녘에 부하들 중 하나가 말을 돌보러 나갔는데 병사들이 그를 보고 코요테를 쏘듯이 쏘아 넘어뜨렸다. 그때서야 나는 그들이 우리가 지나쳐 온 부대의 병사들이 아니라는 걸 깨달았다. 그들은 다른 방향에서 온 부대의 병사들이었다.

새로운 백인 지휘자의 이름은 기번이었다. 그는 우리가 자고 있는 동안에 돌진해 왔다. 우리는 힘겹게 싸웠다. 몇몇 부하들은 기어서 병사들 뒤로 돌아가 등 뒤에서 공격을 했다. 이 전투에서 우리는 천막을 거의 다 잃어버렸다. 하지만 결국 기번 장군을 물리쳤다.

그는 우리를 잡을 수 없다는 걸 알고, 몇 킬로미터 떨어진 곳에 있는 그의 군대 숙영지로 병사들을 보내 커다란 총대포을 가져오게 했다. 하지만 나의 부하들이 그들을 포로로 붙잡고 무기를 다 빼앗아 버렸다. 우리는 최선을 다해 커다란 총에 손상을 입혀 못쓰게 만들고 화약과 포탄을 훔쳐 왔다.

기번 장군과 벌인 싸움에서 우리는 여자와 어린이 50명을 잃었다. 전사들은 30명이 죽었다. 우리는 죽은 이들을 묻어 주기 위해서 그곳에 오랜 시간 머물렀다. 네즈퍼스족은 여자와 어린이를 상대로는 절대로 전쟁을 벌이지 않는다. 전쟁이 계속되는 동안 우리에게도 여자와 어린이를 죽일 기회가 수없이 있었다. 그러나 우리는 그런 비겁한 짓을 부끄럽게 생각했다.

우리는 적들의 머리 가죽을 벗긴 적도 없었다. 그러나 하워드 장군 부대가 기번 장군 부대와 합류했을 때, 그들을 안내한 인디언 정찰병들은 우리가 묻어 놓은 사람들을 다시 파헤쳐 머리 가죽을 벗겨 갔다. 나는 하워드 장군에게 이런 대단히 창피한 짓을 저지르지 못하게 명령을 내려 달라고 했다.

우리는 최대한 빨리 들소들의 땅을 향해 퇴각했다. 6일이 지나자 하워드 장군 부대가 가깝게 추격해 왔다. 우리는 그들을 공격해 말과 노새를 거의 모두 몰고 와버렸다. 그런 다음 '노란돌 분지'를 향해 앞으로 나아갔다.

가는 도중에 백인 남자 하나와 여자 둘을 붙잡았다. 3일이 지난 뒤에야 우리는 그들을 풀어 주었다. 데리고 있는 동안에는 친절하게 대해 주었다. 여자들을 모욕하는 일은 없었다. 인디언 여자가 잡혀서 감옥에 3일 동안 갇혀 있다가 풀려났다면, 전혀 모욕을 당하지 않았을 거라고 말할 수 있는 병사가 하나라도 있을까? 하워드 장군의 병사들에게 잡힌 네즈퍼스족의 여인들은 그렇게 융숭

한 대접을 받았던가? 네즈퍼스족은 그런 나쁜 짓을 절대로 저지르지 않았다.

며칠 뒤에 우리는 백인 남자 둘을 더 잡아 왔다. 그런데 한 사람이 말을 훔쳐서 도망쳐 버렸다. 우리는 다른 남자에게 말라빠진 말을 한 마리 주고는 마음대로 가라고 했다.

7일 동안 걸어서 우리는 노란돌 분지의 클라크 갈림길 입구에 도달했다. 하워드 장군은 어떻게 되었는지 알 수 없었다. 그러나 우리는 그가 더 많은 말과 당나귀를 끌고 올 거라는 짐작은 할 수 있었다.

그는 우리에게 가까이 오지 않았다. 그러나 새로운 전쟁 지휘관 스터지스 장군이 우리를 공격했다. 우리는 여자와 아이들, 가축이 위험하지 않은 곳까지 이동하는 동안 그의 공격을 저지했다. 그 뒤에 후퇴하는 사람들을 엄호하라고 남자 몇 명만 남겨 두었다.

며칠이 지났다. 하워드 장군이나 기번 장군, 스터지스 장군에 대한 정보가 전혀 들어오지 않았다. 우리는 그들의 공격을 차례차례 격퇴해 왔기에 안도감이 들기 시작했다. 그때 마일스 장군이 거느린 다른 부대가 우리를 공격했다. 그들은 제4군이었다. 장군의 부대는 어느 부대나 우리들보다 월등히 숫자가 많았다. 우리는 6일이 지나지 않아 마일스 장군의 군대와 마주쳤다.

우리는 공격을 당하기 직전까지 마일스 장군 부대에 대해서는 아는 게 전혀 없었다. 그는 우리 야영지 한가운데로 쳐들어와 우리를 양쪽으로 분산시켜 놓고 말들을 거의 다 끌고 가버렸다.

70명 정도의 우리 전사들이 포위되어 버렸다. 나도 그중에 끼여 있었다. 열두 살 난 내 작은 딸도 나와 함께 있었다. 나는 딸아이에게 밧줄을 주면서 말 한 마리를 잡아타고 야영지에 포위된 다른 사람들 쪽으로 가라고 했다. 그때 이후로 나는 그 아이를 보지 못했다. 하지만 죽지 않고 무사히 살아 있다고 들었다.

아내와 아이들 생각이 났다. 그들은 그때 병사들에게 포위되어 있었다. 나는 그들에게 가기로 결심했다. 갈 수 없으면 죽어 버리려고 했다.

저 높은 곳에서 우리를 다스리시는 위대한 영에게 중얼중얼 기도를 읊조리면서, 나는 무기도 없이 병사들의 공격선을 뚫고 달렸다. 내 앞뒤로 총이 불을 뿜지 않는 곳이 없었다. 사방에서 사격을 하는 것 같았다.

옷이 찢어져 두 조각이 났다. 말은 상처를 입었다. 그러나 나는 다친 데가 없었다. 내 천막 문 앞에 도착하니 아내가 나에게 장총을 건네주면서 말했다. "총 받아요. 싸워요!"

병사들은 쉴 새 없이 총을 쏘아 댔다. 내 근처에 있던 부하 여섯이 죽었다. 열두어 명의 병사들이 야영지 안으로 달려들어 천막 두 개를 에워싸고는 네즈퍼스족 세 명을 죽였다. 병사들 세 명이 우리 방어선 안에서 쓰러졌다.

나는 부하들에게 병사들을 밀어내라고 명령했다. 우리는 가까운 거리에서 싸웠다. 스무 걸음도 되지 않는 거리였다. 우리는 그들을 주 방어선까지 몰아붙였다. 그들은 사망자들을 남겨 놓고 떠나갔다.

우리는 그들의 무기를 손에 넣었다. 첫날 하루 사이에 18명의 남자와 3명의 여자를 잃었다. 마일스 장군은 26명의 병사를 잃었다. 부상자는 40명이었다.

다음 날 마일스 장군은 우리 야영지로 하얀 깃발을 든 전령을 보냈다. 나는 내 친구 '누런황소'를 보내 그를 맞이했다.

마일스 장군은 내가 이 상황을 잘 생각해 보기를 바란다고 했다. 자신은 우리 부족 사람들을 헛되이 죽이고 싶지 않다고 했다. 누런황소는 전령이 하는 말을 알아들었다. 누런황소는 그 말이 항복해서 피를 흘리지 않게 하라는 뜻이라고 생각했다.

이 전갈을 나에게 전하면서, 누런황소는 마일스 장군이 진실한 사람인지 아닌지 궁금하다고 말했다. 나는 답장을 주어 전령을 돌려보냈다. '결정을 내렸지만 더 생각해 보아야겠다, 그런 다음에 곧 답장을 보내겠다'는 내용이었다.

잠시 뒤에 샤이엔족 정찰병 몇 명이 또 다른 전갈을 가지고 왔다. 나는 그들을 만나기 위해 밖으로 나왔다. 그들은 마일스 장군이 진실한 사람이며 진정으로 평화를 원하는 사람 같다고 말했다.

나는 마일스 장군의 천막까지 걸어갔다. 그는 나를 맞아 주었다. 우리는 악수를 했다. 그는 "어서 오시오. 우리 불 옆에 앉아서

이 문제를 상의해 봅시다."라고 말했다.

나는 밤새 그와 함께 있었다. 다음 날 아침 누런황소가 내가 살아 있는지, 왜 돌아오지 않는지 알아보려고 마일스의 야영지까지 건너왔다. 혼자 누런황소를 만나러 나가려고 하자 마일스 장군은 천막 밖으로 나가지 못하게 했다.

누런황소가 말했다. "그들은 군대 한가운데 자네를 잡아 두고 있어. 다시 내보내 주지 않을까 봐 걱정이야. 우리 야영지에 저쪽 장교를 하나 잡아 두었어. 자넬 놓아줄 때까지 그놈을 잡아 둬야겠네."

내가 대답했다. "저들이 나를 어떻게 하려는 생각인지는 모르겠네. 하지만 나를 죽인다고 해서 자네가 그 장교를 죽일 필요는 없네. 내 복수를 한다고 그를 죽여 봤자 아무 소용도 없는 일이네."

누런황소는 야영지로 돌아갔다.

그날 나는 마일스 장군과 아무런 협정도 맺지 않았다. 내가 그와 함께 있는 동안에 전투는 다시 시작되었다. 우리 부족들이 매우 걱정되었다. 나는 우리가 조지 국왕의 땅에 있는 '앉아있는황소'의 야영지와 매우 가깝다는 걸 알았다. 누군가가 포위망을 빠져나가 지원군을 데리고 돌아올 수 있지 않을까 생각했다. 그날 밤에는 양쪽 모두 큰 피해를 입지 않았다.

다음 날 아침 나는 합의에 따라 휴전 깃발이 꽂혀 있는 곳에서 우리에게 잡혀 있던 장교와 교환되어 우리 야영지로 돌아왔다.

항복하자는 말에 부족 사람들의 의견이 갈렸다. 부상자, 노인, 아이들을 남겨 두고 간다면 우리는 '곰발바닥 산'에서 충분히 빠져나올 수 있었다. 그러나 우리는 그렇게 할 마음이 없었다. 우리는 부상당한 인디언이 백인들에게 잡혀 있는 동안 회복되었다는 말을 들어 본 적이 없었다.

넷째 날 저녁에 하워드 장군이 몇 명의 호위를 받으며 우리에게 왔다. 내 친구 채프먼도 함께 왔다. 우리는 그때 이해심을 갖고 서로 양해하면서 이야기를 나눌 수 있었다.

함께 온 마일스 장군은 나에게 아무렇지도 않게 말했다. "당신들이 모두 밖으로 나와 무기를 내려놓으면, 죽이지 않고 보호 구역까지 보내 주겠소." 나는 마일스 장군과 하워드 장군 사이에 무슨 말이 오갔는지 알 수 없었다.

나는 부상당한 전사들과 여자들이 고통당하는 것을 차마 눈뜨고 볼 수가 없었다. 우리는 이미 많은 부족민을 잃은 상태였다.

마일스 장군은 우리가 가축을 남겨 두고 왔다면 살던 땅으로 돌아갈 수 있게 해주겠다고 약속했다. 나는 우리가 다시 시작할 수 있을 것이라고 생각했다. 나는 마일스 장군을 믿었다. 그러지 않았다면 절대로 항복하지 않았을 것이다.

우리를 랍와이로 돌아가게 해주겠다고 약속한 것 때문에 마일스 장군이 비난을 받았다고 들었다. 그때 그는 나와 어떤 다른 타협도 할 수 없었다. 나는 내 친구가 나를 돕기 위해 지원군을 데리고 올 때까지 그를 붙들어 두려고 했다. 그랬다면 장군들도 병사들도 곰발바닥 산을 살아서는 나갈 수 없었을 것이다.

다섯째 날 나는 마일스 장군에게 가서 나의 장총을 내려놓았다. "지금 이후로 나는 더 이상 싸우지 않겠다."

우리 부족에게는 휴식이 필요했다. 우리는 평화를 원했다. 나는 우리가 '혓바닥 강'까지 마일스 장군과 함께 갈 것이고, 거기서 봄까지 머물 수 있다고 들었다. 봄이면 우리는 우리 땅으로 돌아가게 될 것이었다.

마침내 우리는 혓바닥 강을 향해 출발하기로 결정하였다. 그 결정에 아무도 이의를 제기하지 않았다. 그러나 우리가 강에 도착했을 때, 마일스 장군은 우리를 비즈마크로 데려가라는 명령을 받았다. 그곳이 생활비가 더 싸다는 게 이유였다.

마일스 장군은 그 명령에 이의를 제기했다. 그는 말했다. "나를 비난하면 안 되오. 나는 약속을 지키기 위해 노력했소. 그러나 나를 지휘하는 우두머리가 명령을 내린 거요. 그러니 나는 그 명령을 따라야만 하오. 아니면 군복을 벗든지. 그런다 해도 당신에게 좋을 게 하나도 없소. 다른 장교들이 나 대신 그 명령을 수행할 테니까."

나는 마일스 장군이 그럴 수만 있었다면 약속을 지켰을 거라고 믿는다. 나는 우리가 항복한 다음에 당한 고통이 그의 책임이라고 생각하지 않는다. 누구 책임인지 나는 알 수 없다. 우리는 말을 모두 넘겨주었다. 천 마리가 넘었다. 말안장도 모두 포기했다. 백 개가 넘었다. 그 뒤 그것들이 어떻게 되었는지 전혀 듣지 못했다.

마일스 장군은 우리 부족을 다른 군인에게 넘겼다. 그는 우리를 비즈마크로 데려갔다.

다시 존슨 대위가 우리를 맡았다. 그는 레번워스까지 우리를 데려가라는 명령을 받았다. 레번워스에서 우리는 강변 저지대에 자리를 잡았다. 강물 말고는 마실 물도, 요리할 물도 없었다.

우리는 늘 건강한 땅에서 살았다. 산은 높고 물은 깨끗하고 차가웠다. 그곳을 떠난 후 많은 부족 사람들이 병들어 죽어 갔다. 우리는 그들을 낯선 땅에 묻었다.

레번워스에 있는 동안 우리 부족민들 때문에 내 마음이 얼마나 고통스러웠는지 말로는 표현할 수 없다. 저 위에서 우리를 다스리시는 위대한 영이 다른 쪽을 내려다보고 계신 것 같았다. 우리 부족에게 일어나고 있는 일들을 보고 계시지 않는 것 같았다.

무더운 나날을 지내던 중 우리는 고향에서 더 멀리 떨어진 곳으로 이동해야 한다는 통보를 받았다. 갈 의향이 있는지 우리에게 묻지도 않았다.

우리는 기차를 타라는 명령을 받았다. 캔자스 주 박스터스프링스까지 가는 동안에 세 사람이 죽었다. 그곳에서 죽는 것보다는 산속에서 싸우다 죽는 게 더 나았다. 우리는 박스터스프링스에서 인디언 보호 구역으로 옮겨져 천막도 없이 그곳에 내렸다. 약이 없어서 거의 모두가 병이 들었다. 이동을 시작한 이래 70명의 부족민이 죽었다.

많은 사람들이 우리를 보러 왔다. 말하는 방식이 각각 다른 사람들이었다. 워싱턴의 우두머리들 중 어떤 이들이 우리를 만나러 와서 우리가 살 땅을 지정해 주었다. 우리는 그곳으로 가지 않았다. 살기에 좋은 곳이 아니었기 때문이다.

보호 구역 관리 책임자 E. A. 하이트가 우리를 보러 왔다. 나는 다른 사람들에게 말한 것을 그에게도 말했다. 마일스 장군의 약속이 이행되기를 바란다는 내용이었다. 그는 그렇게는 할 수 없다고 말했다. 이제 백인들이 우리 땅에서 살고 있으며 모든 땅은 백인들이 차지하고 있다고 말했다. 우리가 왈로와로 돌아가더라도 그곳에서는 평화롭게 살 수 없다고 말했다. 전쟁을 시작한 우리 부족의 젊은이들을 법으로 다룰 서류들이 나왔다고 말했다. 그리고 미국 정부는 우리 부족들을 보호해 줄 수 없다고 말했다.

이 말을 들으니 무거운 바윗덩어리가 가슴을 짓누르는 것 같았다. 나는 그에게 이야기를 해보았자 아무것도 얻을 수 없다는 것을 깨달았다. 다른 법률가 우두머리들이 나를 보러 와서는, 자기들이 내가 건강한 땅을 얻을 수 있도록 도와주겠다고 말했다.

나는 누구를 믿어야 할지 몰랐다. 백인들에게는 너무 많은 우두머리가 있었다. 그들은 서로를 이해하지 않았다. 그들이 하는 말들은 한결같지 않았다.

우두머리 관리가 우리가 지금 살고 있는 집보다 더 좋은 집을 찾아보자고 했다. 우리가 찾은 땅 오세이지 인디언 보호 구역의 서쪽이 나는 좋았다. 내가 그 지역에서 본 어느 장소보다 나았다. 그러나 건강한 땅은 아니었다. 산도 없고 강도 없었다. 물은 뜨뜻했다. 가축을 기르기에는 좋은 곳이 못 되었다.

우리 부족이 그곳에서 살 수 있을 것 같지 않았다. 모두 죽어 나갈 것 같아 걱정이 되었다. 그 땅에 자리 잡고 사는 인디언들은 지금 모두 죽어 가고 있다. 나는 우두머리 하이트에게 옮기겠다고 약속했다. 그리고 미국 정부가 마일스 장군의 약속을 지킬 준비가 될 때까지 내가 할 수 있는 일은 최선을 다해서 하겠다고 약속했다. 불만스러운 것이 많았으나 내가 할 수 있는 일은 없었다.

그때 우두머리 감사관 맥닐 장군이 우리 야영지에 왔다. 우리는 오랜 시간 이야기를 나눴다. 그는 내가 북쪽에 있는 산속 땅에 집을 짓고 살아야 한다고 말했다. 그리고 워싱턴에 있는 가장 높은 우두머리에게 편지를 쓰겠다고 했다. 아이다호와 오리건의 산을 볼 수 있으리라는 희망이 다시 한 번 내 마음속에서 자라고 있었다.

마침내 나는 내 친구 누런황소와 통역사를 데리고 워싱턴에 가도 된다는 허락을 받았다. 우리가 여기에 온 것이 나는 기쁘다. 나는 수많은 훌륭한 친구들과 악수를 나눴다. 하지만 내가 알고 싶은 것이 있었는데 아무도 설명해 줄 수 없는 것 같았다.

나는 미국 정부가 마일스 장군에게 그랬듯이 왜 우리와 싸우라고 사람들을 보내는지 이해할 수 없다. 그리고 왜 마일스 장군이 우리에게 한 약속을 깨버렸는지 이해할 수 없다. 그런 정부라면 이 일에 대해 뭔가 잘못을 저지르고 있는 것이다.

나는 왜 많은 우두머리들이 그렇게 많은 방법으로 말을 해도 괜찮은지 이해할 수 없다. 그리고 그렇게 서로 다른 약속들을 하는지 이해할 수 없다. 나는 위대한 아버지 우두머리대통령, 그다음으로 위대한 우두머리국무장관, 장관 우두머리하이트, 법률 우두머리 버틀러 장군, 그리고 다른 많은 법률 우두머리들의회 의원들을 만났다. 그들은 모두 자신들이 나의 친구라고 말했다. 그리고 내가 합법성을 갖게 될 것이라고 말했다. 하지만 그들이 입을 맞춘 듯 똑같은 소리들을 하는 동안에도, 왜 우리 부족들을 위해서는 아무런 조치도 실행하지 않는지 나는 이해할 수 없다.

나는 이야기를 듣고, 듣고, 또 들었다. 하지만 이뤄진 것은 하나도 없다. 듣기 좋은 말이라도 그것이 뭔가를 이루지 못한다면 아무런 의미가 없다.

말로는 죽은 우리 부족 사람들을 살려 내지 못한다. 우리 부족 사람들은 자기 땅을 내주고 한 푼도 받지 못했다. 그 땅에는 이제 백인들이 넘쳐 나고 있다. 백인들은 우리 아버지들의 무덤을 보호해 주지 않는다. 백인들은 우리 말 떼와 소 떼를 차지하고서도 한 푼도 내놓지 않는다.

듣기 좋은 말이 내 아이들을 다시 나에게 돌려보내 주지 않을 것이다. 듣기 좋은 말이 당신들의 전쟁 지휘자 마일스 장군의 약속을 지켜 주지 않을 것이다. 듣기 좋은 말이 우리 부족들에게 건강을 가져다주어 더 이상 그들이 죽어 나가지 않도록 해주지 않을 것이다. 듣기 좋은 말이 우리 부족을 평화롭게 살 수 있고 스스로 잘 살아갈 수 있는 고향으로 돌려보내 주지 않을 것이다.

아무것도 이뤄 주지 않는 말들을 듣느라 나는 지쳤다. 그 모든 듣기 좋은 말과 깨어진 약속을 생각하다 보니 나는 화가 난다.

그런 말을 할 권한이 없는 사람들이 한 말이 지금까지 너무 많았다. 거짓으로 속여서 전달한 이야기가 너무 많았다. 백인들 사이에 인디언에 대한 오해가 너무 많이 퍼져 나갔다.

백인들이 인디언들과 평화롭게 같이 살기를 원한다면, 정말로 평화롭게 살 수 있다. 문제를 일으킬 필요가 없다. 인디언들에게도 같은 법률을 적용하라. 인디언들에게도 똑같이 살아가고 자라날 기회를 달라.

모든 사람은 위대한 영이 만들었다. 그들은 모두 형제들이다. 대지는 모든 이들의 어머니다. 대지 위에 사는 모든 사람들은 누구나 평등한 권리를 누려야 한다.

당신들은 강물이 거꾸로 흐르기를 기대하고 있을지도 모른다. 그것은 자유인으로 태어난 사람이 자기가 가고 싶은 곳이면 어디든지 갈 수 있는 자유를 거절하고 나서 만족감을 느끼는 것과 다를 바가 없다. 말을 말뚝에 묶어 두면 말이 살지게 자랄 것이라고 생각하는가? 인디언들을 대지 위의 작은 지점에 가둬 두고 거기에서만 살라고 강요한다면, 그들은 만족해하지 않을 것이고, 잘 자라지도 여유 있게 살지도 못할 것이다.

나는 몇몇 훌륭한 백인 지도자들에게, 당신들이 인디언들을 한 곳에 가둬 놓고 거기서만 살라고 말할 권리를 어디서 부여받은 것인지 물은 적이 있다. 그들은 백인들이 눈앞에서 자기 가고 싶은 곳으로 마음대로 가는 것을 보고 있다. 그러니 그들은 나에게 대답을 할 수 없다.

나는 미국 정부에 인디언 아닌 사람들에게 하듯이 인디언에게도 똑같이 대해 달라고 요청하는 것뿐이다. 내 고향으로 돌아갈 수 없다면, 우리 부족이 이렇게 빨리 죽어 나가지 않을 수 있는 땅에서 살게 해달라.

나는 쇠비름 계곡으로 가고 싶다. 거기에서라면 우리 부족 사람들이 건강을 되찾을 것이다. 지금 사는 곳에서는 그들이 계속 죽어 나가고 있다. 내가 워싱턴에 오기 위해 야영지를 떠난 이후에도 세 명이 죽었다.

우리가 처한 상황을 생각하면 마음이 무겁다. 우리 종족의 남자들은 무법자 취급을 당하면서 이곳저곳으로 쫓겨 다니다가 총을 맞고 짐승처럼 죽는다.

우리도 바뀌어야 한다는 걸 나는 알고 있다. 우리는 백인들을 상대로 해서는 우리가 본래 살아온 삶의 방식을 지켜 나갈 수 없었다. 우리는 단지 다른 종족들처럼 살아갈 기회를 달라고 요청할 뿐이다.

우리는 우리도 인간으로 봐달라고 요청한다. 우리는 모든 사람에게 똑같은 법률을 적용해 달라고 요청한다. 인디언이 법률을 어기면, 법에 따라 그를 벌하라. 백인이 법을 어기면, 그 역시 똑같이 벌하라.

나를 내 맘대로 살 수 있게 놓아 달라. 내 맘대로 가고, 내 맘대로 멈추고, 내 맘대로 일하고, 내가 원하는 곳에서 내 마음대로 교환하고, 내 선생을 내 마음대로 선택하고, 내 맘대로 내 아버지가 믿던 종교를 믿고, 내 맘대로 생각하고 이야기하고 행동할 수 있게 놓아달라. 그러면 나는 어떤 법이든 지키겠다. 벌을 내린다면 어떤 벌이든 감수하겠다.

백인들이 인디언들을 같은 백인들 대하듯 대한다면, 그때는 더 이상 전쟁을 일으키지 않겠다. 우리는 똑같다. 한 아버지, 어머니에게서 태어난 형제들이다. 같은 하늘 아래 살고 있고, 정부는 우리 모두를 위한 것이다.

그러면 우리 모두를 저 위에서 지배하고 계시는 위대한 영의 우두머리가 이 땅을 향해 미소를 지으실 것이다. 그런 다음 비를 내려 어머니이신 대지의 면전에서 형제들의 손에 의해 흘린 핏자국들을 씻어 주실 것이다.

지금 이 시간을 위해 인디언 족속들은 모든 일을 멈춘 채 기도

하고 있다.

 상처 입은 남자들과 여자들의 신음 소리가 저 위에 있는 위대한 영의 귀에 더 이상 도달하지 않기를 바란다. 모든 족속들이 한 인종이 되기를 바란다.

 지금까지 인뭇투얄랏랏이 자기 부족들을 위해 말하였다.

 조지프 추장은 1904년에 죽었다. 이 연설을 한 지 25년이 지나서였다. 그는 여전히 조상들의 고향에서 멀리 떨어진 인디언 보호 구역에 묻혀 있다.

 그가 죽기 전 14년 동안 주치의였던 인디언 보호 구역의 의사 E. H. 라탐 박사는 그의 죽음을 간단하게 설명했다. "조지프 추장은 절망 때문에 죽었지……."

종족은 종족의 뒤를 이어 가고
나라는 나라의 뒤를 이어 간다

인디언 지도자가 한 연설 중에서 가장 널리 인용되는 연설, 또는 가장 존경받는 연설이 바로 1853년 수콰미시족의 추장 시애틀이 한 연설이다.

시애틀은 12월의 추운 어느 날, 인디언들은 '울지'라고 불렀고, 백인들은 '퓨젓 만'이라고 부른 지역의 해변에서 연설했다. 지금은 워싱턴 주에 속한 지역이다. 천 명이 넘는 인디언들이 모여들어 아이작 스티븐스를 태운 배가 도착하기를 기다리고 있었다. 그는 당시 피어스 대통령이 새로 만든 워싱턴 준주아직 주로 인정되지 않은 지방의 주지사로 임명한 사람이었다. 인디언들은 스티븐스에 대해 아는 것이 거의 없었다. 하지만 자신들의 운명이 그의 손에 달려 있다는 사실은 알고 있었다. 차디찬 겨울 해변에서 그들은 잠도 자지 않고 기다렸다. 그것은 존경의 표시라기보다는 호기심 때문이었다.

배가 도착하자, 새 주지사는 별다른 예식도 치르지 않고 해변으로 내려섰다. 그는 몸집이 아주 작은 남자였다. 태도는 무뚝뚝했으며, 사람들을 대할 때나 문제를 처리할 때나 곧장 접근하는 스타일이었다. 그는 그 지역에 이주민들이 쉽게 자리 잡도록 하기 위해 임명된 사람이었다. 그러기 위해서는 원주민들을 몰아내야 했다. 그래서 그는 백인 정착민들의 확산을 지연시키는 요소를 제거하려 했다. 그는 이 문제를 해결해 나가는 데 열심이었다.

그는 속사포처럼 빠르게 연설을 하기 시작했다. 통역사마저도 알아듣기 힘들어했다. 인디언들은 그의 연설을 거의 이해할 수 없었다. 단지 이 사람이 조상 대대로 살아오던 땅에서 자신들을 몰아낸 다음, 그가 '보호 구역'이라고 부르는 감옥 같은 좁은 땅에 집어넣으려고 한다는 것만은 알 수 있었다.

스티븐스가 연설을 마치자, 인디언들은 시애틀 추장을 향해 돌아섰다. 그는 오랫동안 울지 지역의 부족 연맹 지도자로 인정받고 있었다. 그가 인디언 모두를 위해 연설을 하는 것은 아주 자연스러운 일이었다.

시애틀은 생각이 매우 깊은 사람이었다. 그는 전사로서 보여 준 용맹함 덕분에 일찍이 명성이 높았다. 그렇지만 그는 전쟁을 벌이려는 행동보다 평화를 이끌어 내려는 대화가 더 바람직하다고 늘 굳게 믿고 있었다. 1830년대에 백인들이 들어오기 시작할 때, 그는 그들을 환영했다. 기독교로 개종하기까지 했다. 다른 인디언 부족들이 외부의 침입에 대항하기 위해 끼리끼리 뭉칠 때 시애틀은 울지의 자기 부족민들을 가능하면 전투에서 멀리 떼어 놓았다.

1851년 이후, 오리건 통로미주리 주에서 오리건 주에 이르는 3천 킬로미터의 길를 통해 북서 지역으로 정착민들이 대규모로 이주해 왔을 때도, 시애틀은 인심 좋게 모두에게 땅을 나누어 주겠다는 생각을 버리지 않았다. 정착민들이 그가 아끼는 울지 지역에 생활 터전을 잡을 수 있도록 계속 도와주었다.

그러나 해가 갈수록 백인 정착민들이 점점 불어났다. 시애틀은 두 문화가 쉽게 공존할 수 없다는 걸 깨닫게 되었다. 인디언들이 너그럽게 땅을 내어 주자 정착민들은 그 땅의 소유권을 영원히 주는 것으로 오해했다. 선물을 주는 인디언들의 전통은 상업적인 생각을 갖고 있던 백인들에게 이용당하고 말았다. 그들은 공평하거나 부끄럽지 않게 행동하려는 생각보다는 이득을 취하려는 생각이 강했다. 백인들의 사법 제도도 인디언들의 방식을 침해했다. 인디언들 사이에서 의견이 일치하지 않으면 백인들의 정부가 나서서 결정을 해버렸다. 인디언들이 백인들에게 그런 결정을 내릴 권한을 준 적이 전혀 없는데도 그랬다.

시애틀은 배에서 모습을 드러낸 그 오만한 작은 사내가 자유민인 인디언들의 꿈과 이상의 종말을 상징한다는 걸 알았다. 그래서 치욕스러운 느낌이 들어 어지러웠고 마음은 슬펐지만, 백인 이민자들의 친구이자 후원자인 시애틀은 새로운 주지사의 연설에 응답하기 위해 한마디 하려고 일어섰던 것이다.

그는 단어들을 신중하게 선택했다. 그리고 인디언들의 방식대로 명확하게 진심을 담아서 말했다. 그의 연설은 어떤 언어로 어떤 사람이 한 것보다 감동적인 연설이었고, 앞을 내다볼 수 있게 해준 충고였다.

그의 연설은 여러 문서에 기록되어 있다. 어떤 연설은 최근까지 극작가들이 저술 훈련을 할 때 고쳐 쓰기 연습을 하는 텍스트로 활용되었다. 여기에는 헨리 스미스 박사가 울지 해변에서 받아 적은 내용을 실었다. 이는 원래 연설 내용과 가장 가까운 것이기 때문이다.

단지 살아가는 세계가 바뀔 뿐이다

우리 부족들을 보며 아무도 모르게 오랜 세월 동안 연민의 눈물을 흘려 왔던 저 하늘이, 우리에게 변함없고 영원한 모습을 보여 주고 있는 저 하늘이, 이제는 변할지도 모른다. 오늘 날씨는 맑다. 하지만 내일은 구름으로 어두워질지도 모른다.

내가 하는 말은 별처럼 절대로 변하지 않는다. 시애틀이 하는 말은 뭐든지, 워싱턴의 대추장대통령이 태양이나 계절이 다시 돌아오는 것을 믿듯이, 확실하게 믿어도 좋다.

백인 추장스티븐스 주지사은 워싱턴의 대추장이 우리에게 친구로서 친선의 인사를 전했다고 말한다. 그 인사에 감사한다. 왜냐하면 그에게는 우리의 우정이 필요하지 않다는 것을 우리는 알고 있기 때문이다.

그의 부족민은 그 수가 매우 많다. 그들은 들풀처럼 방대한 초원을 뒤덮어 버린다. 우리 부족민은 그 수가 매우 적다. 우리는 폭풍우가 휩쓸고 있는 벌판에 여기저기 흩어져 있는 나무들 같다.

대추장은 우리에게 전갈을 보내 우리 땅을 사고 싶다고 말했다. 우리가 편안하게 살아가는 데 부족함이 없도록 모든 것을 기꺼이 허용하겠다고 한다. 이 말은 사실 정당해 보인다. 관대해 보이기까지 한다. 피부가 붉은 사람들은 더 이상 존중받을 권리가 없기 때문이다. 그래서 그 제안 역시 현명한 것일지도 모른다. 우리에게는 이제 넓은 땅이 필요 없기 때문이다.

인디언들은 한때 이 땅 곳곳에 퍼져 살았다. 바람에 일렁이는 물결이 온 바다를 덮고 있듯이 인디언들이 이 땅을 뒤덮고 있었다. 하지만 그 시절은 오래전에 지나가 버렸다. 부족의 위대함도 사라져 버렸다. 지금은 슬픈 기억으로만 남아 있다.

나는 우리 부족의 때 이른 멸망을 강조하지 않겠다. 슬퍼하지도 않겠다. 우리의 멸망을 재촉하는 피부가 하얀 친구들을 비난하지도 않겠다. 우리에게도 어느 정도는 책임이 있기 때문이다.

젊음은 충동적이다. 우리 젊은이들이 잘못된 일을 보고 분노하여, 얼굴에 검은 칠을 하고 전쟁을 준비하고 있다. 그것은 그들의 심장이 검다는 표시다. 그들이 때로는 거칠고 잔인하다는 표시다. 나이 든 할아버지나 할머니 들은 그들을 말릴 수 없다.

언제나 이런 식이었다. 백인들이 맨 처음 우리 조상들을 서쪽으로 밀어붙이기 시작할 때도 이런 식이었다. 하지만 우리들끼리 적개심을 품지 않으면 되돌릴 수 있다는 희망을 버리지 말자. 우리는 잃어버릴 것이 아무것도 없다. 얻을 것도 전혀 없다.

젊은이들이 복수를 하면 목숨을 잃게 될 것이다. 하지만 복수를 통해 얻는 게 있을 것이라고들 생각한다. 하지만 전쟁이 벌어지면 집 안에만 있어야 하는 노인들, 아들을 잃을지도 모르는 어머니들은 그 이상의 것까지 생각하고 있다.

워싱턴에 있는 우리의 선량한 아버지는 우리에게 전갈을 보냈다. 나는 조지 국왕이 그의 영역을 북쪽으로 더 확장한 이후에는 당신들의 아버지일 뿐 아니라 우리의 아버지이기도 하다고 생각하기 때문에 아버지라고 표현하는 것이다. 그는 자신이 원하는 대로 우리가 따라 주면 우리를 보호해 주겠다고 했다. 그의 용감한 전사들은 우리에게 강력한 방벽이 되어 줄 것이다. 그의 훌륭한 전함들이 우리의 항구를 채울 것이다. 그리하여 대대로 우리와 맞서 온 적들은 저 북쪽으로 쫓겨 올라가 우리의 여인과 어린이, 노인들을 더 이상 놀라게 하지 못할 것이다. 그러면 그는 사실상 우리의 아버지가 될 것이다. 그리고 우리는 그의 자손이 되는 것이다.

하지만 그게 가능한가?

당신들의 신은 우리의 신과는 다르다. 당신들의 신은 당신들만 사랑한다. 우리 종족은 미워한다. 그는 피부가 하얀 자식들에 대해서는 자신의 강력한 무기를 다정하게도 접어 둔다. 그리고 손을 잡고 이끌어 준다. 마치 아버지가 어린 아들을 이끌어 주듯이. 하지만 그는 피부가 붉은 아들은 버리고 간다. 그들도 그의 자식이라면 이끌어 주어야 하지 않는가.

우리의 신인 위대한 영 역시 우리를 버린 것 같다. 당신들의 신은 당신네 종족들의 힘을 날마다 강하게 증대시킨다. 그들은 이제 곧 온 땅을 뒤덮을 것이다. 우리들은 빠르게 물러가는 썰물처럼 빠져나갈 것이다. 그 물결은 다시 돌아오지 않을 것이다.

백인들의 신은 우리 종족을 사랑할 수 없다. 그는 우리들을 보호하려고도 하지 않는다. 우리들은 어디에서도 도움을 구할 수 없는 고아나 마찬가지다.

그렇다면 우리가 어떻게 형제라고 할 수 있는가? 당신들의 신이 어떻게 우리들의 신이 되어서 우리가 다시 부흥하여 위대한 존재가 되려는 꿈을 일깨워 줄 수 있는가?

우리가 하늘에 있는 아버지를 같이 모시고 있다면 그는 공정하지 못한 게 분명하다. 아니면 그는 피부가 하얀 자식들만 찾아가는 게 분명하다. 우리는 그를 본 적이 없다. 그는 당신들에게 법률을 주었다. 하지만 한때는 하늘을 가득 메운 별들처럼 이 광대한 대륙을 가득 채운 다수의 인종이었던 피부가 붉은 자식들에게는 한마디도 하지 않으셨다.

아니다. 우리는 태어난 근본이 다르고 살아갈 운명이 다른 별개의 인종이다. 우리 사이에는 공통점이 거의 없다.

우리에게는 우리 조상들의 뼈가 신성하다. 그들이 잠들어 있는 곳은 성스러운 땅이다. 당신들은 조상들의 무덤에서 멀리 떨어져 나와 여기저기 돌아다닌다. 그걸 전혀 애석해하지 않는 것처럼 보인다.

당신들의 종교는 돌판 위에 강철 같은 당신들 신의 손가락으로 새겨져 있다. 그래서 당신들은 그것을 잊어버릴 수가 없다. 피부가 붉은 사람들은 그것을 이해할 수도 없고 기억할 수도 없다.

우리 종교는 우리 조상들의 입에서 입으로 전해 내려온 것이다. 그것은 나이 든 어른들의 꿈이다. 위대한 영이 한밤의 엄숙한 시간에 그들에게 선사한 꿈이다. 우리 인디언 추장들이 품고 있는 미래의 모습이다. 그것은 우리의 가슴에 새겨져 있다.

당신네 사람들이 죽으면 그 영혼은 무덤 입구를 지나 별들 저편에 있는 길을 떠돌기 시작하는 순간부터 당신들을 더 이상 사랑하지 않고 자신들이 태어난 땅을 더 이상 사랑하지 않는다. 그들은 곧 모든 것을 잊어버리고 다시는 돌아오지 않는다.

우리네 사람들은 죽어도 그들에게 생명을 주었던 이 아름다운 세상을 결코 잊는 법이 없다. 그들은 여전히 푸른 초목으로 뒤덮인 골짜기, 졸졸 흐르는 강, 장엄한 산맥, 고즈넉한 계곡, 숲으로 둘러싸인 호수와 만을 사랑한다. 호젓한 마음으로 살아온 삶을 늘 애정이 담긴 마음으로 그리워한다. 그리고 종종 저 너머 세상에서 이 세상으로 우리를 안내하고 위로하고 달래 주기 위해 돌아온다.

밤과 낮은 함께 있을 수 없다. 피부가 붉은 사람들은 피부가 하얀 사람들의 방식에서 벗어나려고 해왔다. 아침 안개가 태양이 떠오르면 사라지듯이.

그러나 당신들의 제안은 공정해 보인다. 그래서 나는 우리 부족들이 그것을 받아들여 당신들이 제안하는 보호 구역으로 물러나리라고 생각한다. 그러면 우리들은 평화롭게 살게 될 것이다. 위대한 백인 대추장이 한 약속은 칠흑 같은 어둠속에서 우리에게 선사한 신의 약속 같다.

남은 날들을 우리가 어디서 보내느냐 하는 것은 문제가 되지 않는다. 그날들은 많지 않을 것이다. 인디언의 밤은 어두울 것이 확실하다. 지평선 위로 희망을 주는 별 하나도 떠오르지 않는다.

구슬픈 바람 소리가 멀리서 울고 있다. 피부가 붉은 자들의 길 위에 우울한 운명이 놓여 있다. 그들이 가는 곳에는 어디든지 무시무시한 파괴자가 달려오는 발자국 소리가 들릴 것이다. 그들은 묵묵히 자기 운명과 마주할 준비를 하고 있다. 마치 사냥꾼이 다가오는 발자국 소리를 듣고 있는 부상당한 사슴처럼.

몇 달이 지나고 몇 번의 계절이 지나면, 당신들보다 강하고 희망에 차서 살았던 우리 부족들의 무덤에 와서 슬프게 울어 줄 후손들이 하나도 남지 않으리라. 그들은 한때 이 거대한 땅 위를 달리며 행복하게 살았고 위대한 영의 보호를 받던 이 땅의 주인들이었는데.

한데 내가 우리 부족의 이 느닷없는 운명을 슬퍼해야 할 이유가 뭔가? 종족은 종족의 뒤를 이어 가고 나라는 나라의 뒤를 이어 간다. 마치 바다의 파도와 같다. 그것이 자연의 이치다. 슬퍼해 봐야 소용없다.

당신네들이 파멸할 시간은 아직 멀었다. 하지만 그때는 분명히 올 것이다. 자신들의 신과 친구처럼 이야기를 나누는 피부가 하얀 사람들도 누구에게나 닥쳐오는 운명을 피할 수는 없기 때문이다.

우리는 결국 형제가 될지도 모른다. 우리는 그날을 보게 될 것이다.

우리는 당신들의 제안을 깊이 생각해 볼 것이다. 그리고 결정이 내려지면 알려 주겠다. 하지만 우리가 그 제안을 받아들여야 한다면 나는 지금 여기서 조건을 하나 말하겠다. 그것은 우리가 우리 조상들, 친구들, 아이들의 무덤을 언제든지 방해받지 않고 찾아가 볼 수 있게 해달라는 것이다.

우리가 보기에 이 땅에는 성스럽지 않은 곳이 없다. 언덕, 계곡, 평원, 숲 하나하나가 이제는 희미해져 버린 오래전의 슬펐던 일과 행복했던 일들을 겪으면서 성스러워진 것이다.

고요한 해안을 따라 태양 아래서 더위를 먹은 듯 말없이 잠들어 있는 것 같은 바위들도 우리 부족들의 삶과 뗄 수 없는 감격스러운 일들을 기억하고는 떨고 있다. 당신들이 믿고 서 있는 그 흙은 당신들보다는 우리의 발자국에 더욱 다정하게 반응한다. 그것은 우리 선조들의 피로 흥건히 젖어 있는 땅이기 때문이다. 우리의 맨발바닥은 서로 마음이 통하듯 그 감촉을 느낀다.

떠나 버린 전사들, 다정한 어머니들, 즐겁고 행복하고 마음이 따뜻한 처녀들, 그리고 짧은 세월 동안에 이곳에 살았고 이곳에서 즐거웠던 우리 아이들까지도 이 한적한 장소를 사랑할 것이다. 그들은 초저녁이 되면 그림자처럼 돌아오는 영혼들을 반길 것이다.

마지막 인디언이 사라지면, 내 부족에 대한 기억도 백인들 사이에서는 신화 같은 이야기가 될 것이다. 이 해변은 보이지 않는 우리 부족의 죽음으로 가득 차 있을 것이다.

인디언들이 모두들 사라지고 나면 백인의 후손들만 남을 것이다. 그때가 오면 그 자식들의 자식들이 이 들판에서, 도시의 상점에서, 고속도로 위에서, 길도 없는 고요한 숲 속에서 결국 자기들만 남았다고 생각할 것이다. 그러나 그때가 오더라도 그들은 결코 혼자가 아니다.

세상 어디에도 혼자 있을 수 있는 곳은 없다. 도시의 도로와 마을이 고요한 침묵에 싸인 한밤중에 당신들이 그곳을 버려진 곳이라고 여길 때쯤, 한때 그곳을 채우고 있던 지난날의 주인들이 돌아와 당신들과 함께 그곳을 가득 채우게 될 것이다. 그리고 그들은 여전히 이 아름다운 땅을 사랑할 것이다. 백인들은 결코 홀로 살 수 없을 것이다.

백인들은 우리 부족 사람들을 정당하게 그리고 친절하게 대해야 한다. 죽은 이들이라고 해서 힘이 없는 것이 아니다.

죽은 이들이라고 내가 말했는가? 죽음이란 없다. 단지 살아가는 세계가 바뀔 뿐이다.

부록

거트루드 S. 보닌 Gertrude S. Bonnin (지트칼라사 Zitkala-Sa)
양크턴 수우족(1875~1938)
교사, 음악가, 작가. 퀘이커 교도들에게 교육을 받았다. 펜실베이니아에 있는 칼라일 인디언 학교에서 배웠다. 문예평론지 〈하퍼스harper's〉와 월간 문예지 〈애틀랜틱 먼슬리Atlantic Monthly〉에 기고했다. 정치적인 문제에서는 행동가였다. 아메리칸 인디언 협회American Indian Council를 창설했다.

검은매 Black Hawk 소크족과 폭스족의 용사(1767~1838)
평생 임무는 1804년 그가 목격한 잘못된 일을 바로잡는 것이었다. 그것은 윌리엄 헨리 해리슨이 검은매 부족의 네 추장에게 술을 계속 마시게 해서 소크족의 땅을 넘기는 조약에 서명하도록 한 일이었다. 검은매는 영국 사람들을 부추겨서 미국 사람들과 전쟁을 벌이게 해 그들의 서부 진출을 막으려 했다. 부족의 소유로 남아 있던 작은 땅에 이주민들이 무단으로 들어가 자리 잡고 살자, 검은매는 전투에 돌입했다. 그는 실제로 몇 달 동안 전쟁 포로가 되기도 했다. 풀려난 다음 고향에 돌아와 영웅 대접을 받았으며, 인디언이 아닌 사람들에게는 오래된 서부 개척 시대의 상징으로 환영을 받았다. 마지막 순간까지 모욕을 주려는 이들에 의해 그의 시신은 부정한 용도로 사용되었다.

검은사슴 Black Elk 오글랄라 수우족(약 1863~1950)
병과 악령을 쫓는 주술사이자 영적인 지도자. 열세 살 때 인디언들과 커스터 장군의 제7기병대가 맞붙은 유명한 '빅혼 전투'를 목격했다. 인디언 보호 구역에 강제로 들어가는 것을 피하려고 한때 가족들과 함께 캐나다로 피

229

신하기도 했다. 많은 꿈을 꾸었고 신비로운 경험을 했다. 평생 살아온 이야기를 구술한 〈검은사슴이 말하다 - 오글랄라 수우족 성자의 일대기Black Elk Speaks : The Life Story of a Holy Man of the Oglala Sioux〉가 유명하다.

까마귀발 Crowfoot '검은발' 족 추장(19세기 후반)
사냥꾼이자 전사. 자기가 무슨 일을 하는지도 모른 채 부족의 땅을 캐나다 정부에 양도했다.

까마귀의배 Crow Belly 그로 방트르(프랑스 말로 '커다란 배')족 추장(19세기 중반)

네자루의총 Four Guns 오글랄라 수우족(19세기 중반)
판사.

댄 조지 추장 Chief Dan George 코스트 살리시족(20세기)
세습 추장. 아마 그의 활동은 〈리틀 빅 맨Little Big Man〉이라는 영화를 통해 가장 잘 알려졌을 것이다. 자신의 저술과 대중매체를 활용해 아메리카 인디언의 종교와 가치관을 정확히 설명하려고 노력했다.

마퀸나 Maquinna 누트카족 추장(19세기 초기)
1803년에 무역선을 공격해 2명을 제외한 나머지 선원을 전부 죽였다. 잡힌 자들 중 하나가 기사를 써서 백인들이 많이 읽었다.

말부자 Many Horses 오글랄라 수우족(?~1867)
전쟁 지휘관이자 말을 기르는 부자 인디언. 적을 기습하여 말들을 탈취하곤 했다. 전투 중에 죽었다.

붉은개 Red Dog 오글랄라 수우족(19세기)
금을 찾아 사우스다코타의 '검은 언덕'으로 쏟아져 들어오던 백인 광부와 정착민에 맞서 강경하게 대항했다. 인디언들의 권리를 대변해 준 훌륭한 연설가였다. 백인 정부가 협정 의무 사항들을 지키지 않자 끊임없이 저항했다.

붉은구름 Red Cloud 오글랄라 수우족(약 1822~1909)

처음에는 백인 정부와 평화롭게 지내려면 백인들에게 인디언 땅을 통과하는 도로를 질서 정연하게 만들도록 장려하는 게 유일한 방법이라고 생각했다. 그러나 협정에서 약속한 것들이 지켜지지 않자 자극을 받아 1866년 무기를 들고 백인들과 싸웠다. 전격적인 기습 공격으로 윌리엄 셔먼 장군에게 치욕을 안겨 준 뒤에, 다시 평화를 지지하고 장려했으며 1870년에 '붉은구름 평화단'이라는 인디언 단체를 데리고 워싱턴까지 갔다. 정부가 두 번이나 약속을 이행하지 않자 크게 실망하고 말았다. 죽을 때까지 줄곧 자기 부족을 위한 대변자 노릇을 했다.

붉은저고리 Red Jacket (사고예와타 Sa-Go-Ye-Wat-Ha)
세네카족 추장(1756~1830)

전사이자 웅변가. 워싱턴에서 몇 주 동안 지내면서 그곳에서 조지 워싱턴 대통령을 만났고, 미국 상원에서 연설을 했다. 백인들의 종교를 공공연하게 경멸했다.

사이먼 포카곤 Simon Pokagon 포타와토미족 추장(1830~1899)

교사이자 작가. 노트르담 대학에서 교육을 받았다. 오르간 전문 연주자였으며, 5개 국어를 유창하게 구사했다. 링컨 대통령과 그랜트 대통령을 모두 만났다.

사탄크 Satank 키오와족(약 1810~1871)

키오와족과 샤이엔족 사이의 평화 협정을 교섭했다. 그러나 백인들에게는 평화롭게 대하지 않았다. 그의 부족이 백인들을 몰아내지는 못하리라는 사실을 알고 있었으나, 땅에 울타리를 치고 야생동물을 죽이지 못하게 하려고 정착민들을 습격했다. 결국 붙잡혔지만, 그때도 감옥으로 가는 길에 호위병을 공격하다가 총을 맞고 죽었다. 시신은 도랑에 버려졌다.

사탄타 Satanta 키오와족 추장(약 1830~1878)
'대평원의 웅변가'라는 별명을 갖고 있다. 철도가 서부로 확장되는 데 맞서 싸웠다. 철도 때문에 들소 떼가 흩어져 버릴 게 뻔했기 때문이다. 들소는 키오와족의 생존 기반이었다. 셔먼 장군에게 잡혀 감옥에 들어갔다. 셔먼 장군은 평화 협정을 위한 모임에 참석해 달라는 거짓 전갈을 보내 그를 속여 투옥했다. 텍사스 감옥에 있는 동안에 자살했다.

샤리타리시 Sharitarish 포니족(약 1790~1822)
네브래스카에서 유명한 탐험가 제뷸론 파이크를 만났다. 먼로 대통령에게 민족의 자율권에 대한 연설을 했다. 콜레라로 죽었다.

'서있는곰' 루서 추장 Chief Luther Standing Bear
오글랄라 수우족(1868~1939)
자기 부족이 유목민으로 살아가기를 원했으나, 칼라일 인디언 학교에 다니면서 부족 사람들에게 농사를 권하는 등 백인들의 방식을 수용하려고 노력했다. 1890년 운디드니상처입은무릎 지역에서 비무장한 남자, 여자, 어린이 들이 학살당하는 장면을 보고는 백인들의 문화에서 등을 돌렸다. 1933년에 〈나의 인디언 소년 시절My Indian Boyhood〉이라는 책을 펴냈다.

시애틀 추장 Chief Seattle 수콰미시족과 두와미시족(1786~1866)
기독교인이었고 백인들과 동맹을 맺었다. 1855년 워싱턴 부족이 보호 구역으로 들어가 정착하는 데 동의했다. 1853년에 워싱턴 주지사에게 유명한 연설을 했다.

아시네웁 Aseenewub 붉은 호수의 오지브웨족(19세기)
'작은바위'라고도 불렸다. 1863년 협정 협상에서 한 축을 담당했다. 당시 미국 정부는 대포를 동원해 오지브웨족을 포위하고 땅을 넘기겠다는 서명을 하지 않으면 교수형에 처하겠다고 협박했다.

앉아있는황소 Sitting Bull (타탕카 요탕카 Tatanka Yotanka)
테톤 수우족(19세기 후반)

주술사이자 부족의 족장. 백인들에게 그들과 싸우고 싶지 않다고, 단지 자신들의 땅에서 계속 사냥을 하고 싶을 뿐이라고 줄기차게 설명했다. 백인들이 무자비하게 들소들을 죽이고 목초지를 빼앗아 가자 결국 테톤 수우족은 전쟁 지휘자가 되어 달라고 그를 설득했다. 리틀 빅혼 전투에서 커스터 장군의 제7기병대를 격파한 일과 인디언 하지춤태양춤 축제 때문에 고난을 받은 일로 잘 알려져 있다. 미국 정부에 끝까지 대항하다가 가장 마지막에 항복한 수우족으로 알려져 있다. 자신을 체포하러 온 같은 부족 출신의 경찰에게 살해당했다.

열마리의곰 Ten Bears 얌파리카 코만치족(1792~1872)

전사라기보다는 시인에 가깝다. 훌륭한 평화주의자라고 할 수 있다. 전쟁을 하려는 코만치족을 말리기 위해 미국 정부의 양보를 얻어 내는 데 평생을 보냈다. 그리 성공적이지 못했으나 끈질긴 노력을 기울여 모든 사람에게 존경을 받았다. 비통한 심경으로 죽었다.

와훈소나쿡 왕 King Wahunsonacook 포와탄족

32개 인디언 무리의 동맹을 이끌었다. 아들이 20명에 딸이 11명이었다. 그중 하나가 '포카혼타스'다. 영국인들은 그의 지원을 받아 제임스타운에 정착하기 위해 그의 머리에 황금 왕관을 씌워 주고 '킹 포와탄'이라고 선언했다.

워보카 Wovoka 파이우트족(19세기 후반)

'파이우트의 메시아'로 알려져 있다. 1889년 일식 때 열병을 앓았는데, 그 후 환상을 보았다. 인디언들이 모두 영혼과 교감하는 춤에 참가한다면 위대한 영이 인디언 종족들을 이전의 영광스러운 시절로 다시 돌려보내줄 것이라고 설교했다. '영혼의 춤'은 1890년대에 평원 인디언들 사이에 굉장히 성대한 종교 행사가 되었다.

전투용곤봉이많은 추장 Chief Plenty Coups (알리크체아아후시 Aleek-chea-ahoosh) 크로족(1849~1932)

전사였으나 백인들을 상대로 싸운 적은 없다. 25세의 젊은 나이에 추장이 되었다. 크로족 중에서 맨 처음 농사를 지었으며 목장을 운영했다. 11명의 아내를 거느렸으나, 자식은 하나도 없었다고 한다. 땅을 미국인들에게 넘기면서 크로족 기념 공원을 만들어 달라는 유언을 남겼다. 그곳은 지금 박물관이 되었다.

조지 코프웨이 George Copway (카게가가보우 Kahgegagahbowh)
오지브웨족(약 1818~약 1863)

최초의 인디언 작가 중 한 명으로, 많은 백인들이 그의 작품을 읽었다. 온타리오에서 세습 추장의 아들로 태어났으나 선교사가 되었다. 종교 서적을 오지브웨 말로 번역했다.

조지프 브랜트 Joseph Brant (타옌다네게아 Thayendanegea)
모하크족(약 1742~1807)

일생을 '인디언 5부족 연맹'의 자유를 위해 싸웠다. 대단히 지적인 사람이었으며, 군사 전략가이자 종교 문서 번역가였다. 영토 안으로 밀려드는 유럽인들과 맞서 싸울 때 5부족 연맹 중 가장 탁월한 능력을 발휘한 전투 지휘자였다. 미국 독립전쟁 때는 그 전쟁의 진실을 알아본 끝에 영국인들 편에 서서 싸우기로 결정했다. 미국 정부에도 잘 알려진 인물로, 유창한 웅변과 분별력이 뛰어난 사람으로 유명했다. 전투 중에 죽었다.

조지프 추장 Chief Joseph 네즈퍼스족(1840~1904)

다가오는 미국 군대를 피해 자신의 부족을 이끌고 로키산맥 서부를 지나 캐나다로 탈출하려고 한 특별한 사건으로 잘 알려져 있다. 그들은 보호 구역에 강제로 들어가지 않으려고 필사적인 노력을 했다. 3개월 뒤 추격하던 군대가 그들을 따라잡았고, 그는 보호 구역에서 일생을 마쳤다. 워싱턴을 방문한 다음 해에 죽었다.

조지 헨리 George Henry 오지브웨족
감리교 설교가.

찰스 알렉산더 이스트만 Charles Alexander Eastman (오히예사 Ohiyesa)
산티 수우족(1858~1939)

작가이자 최초의 아메리카 원주민 의사. 미네소타의 레드우드폴스에서 태어났다. 다트머스 대학에서 문학사 학위를 받고, 보스턴 대학에서 의학을 공부했다. 미국 '보이스카우트'와 초기의 소년소녀 친목 단체인 '캠프파이어 걸' 창설에 많은 도움을 주었다. 미시간 주 디트로이트에서 죽었다.

카나사테고 Canassatego 오논다가족(?~1750)
영국인들과 협상을 벌일 때 아메리카 인디언 5부족 연맹인 '이로쿼이'의 대표로 나갔다. 프랑스인들과 벌인 이로쿼이 전쟁 전에 죽음을 당한 듯하다.

카네쿠크 Kanekuk 키카푸족의 예언자(약 1785~1852)
부족의 추장이자 종교적 평화주의자. 자기 부족에게 농사를 짓도록 권유했으며, 그것 때문에 연방 정부로부터 지원을 받기도 했다. 부족 사람들은 잠식해 들어오는 백인 정착민들 때문에 자신들의 땅에서 강제로 쫓겨났다. 천연두에 걸려 죽었다.

커다란사슴 Big Elk 오마하족 추장(약 1772~1842)
전투 부대를 이끌고 포니족과 전쟁을 벌이긴 했지만 위대한 평화주의자다. 유명한 웅변가이기도 하다. 아메리카 인디언들을 많이 그린 유명한 화가 조지 캐틀린이 남긴 초상화가 있다. 평화 협정에 조인하기 위해 워싱턴을 방문했다.

코치스 Cochise (수레국화같은 Like Ironweed)
치리카후아 아파치족의 추장(?~1874)

처음에는 남서부를 가로질러 오는 백인들의 전진을 묵인해 주었다. 그러나 그의 부족이 어린 소년을 유괴했다는 죄를 뒤집어쓰고 기소되었을 때 미국인들에게서 돌아섰다. 그 후 남서부 지역에서 수년 동안 백인들과 맞서 싸웠다. 코치스와 그의 전사들은 놀라운 공격력, 목표를 쫓을 때의 무자비함, 뛰어난 지형 지식으로 전설적인 존재가 되었다. 천수를 다 누리고 죽었다.

키가 큰 만단족 사람 Long Mandan 수우족
사우스다코타의 '검은 언덕'을 빼앗으려는 백인들의 시도를 저지했다. 그곳은 수우족들이 세계의 성스러운 중심으로 여기는 곳이었다.

테쿰세 Tecumseh 쇼니족(1768~1813)
백인들을 저지하기 위해서는 오하이오와 미시시피의 계곡에 있는 인디언들이 자신들과 연합해야 한다고 6부족 연맹을 설득하는 일로 평생을 보냈다. 매우 존경받는 전사이자 정치가였다. 캐나다에 있던 영국군의 여단장을 맡았다. 온타리오 전투에서 살해됐다.

토모치치 Tomochichi 크리크족 추장(약 1630~1739)
식민주의자들과 친했다. 영국을 여행했으며, 거기서 수많은 연설을 했다. 영국과 크리크족 간의 무역을 시작했다.

티디유스쿵 Teedyuscung 델라웨어족(약 1705~1763)
부족의 추장으로, 부족의 땅을 지키기 위해 싸웠다. 기독교로 개종했으나 나중에 다시 전통적인 생활 방식으로 돌아왔다. 프랑스인들에 맞서 영국인들 편에 서서 싸웠다. 술고래였으나 여전히 존경받는 인물이다. 개인적인 일로 원수가 된 사람이 집에 불을 질러 타 죽었다.

피터 존스 Peter Jones (카케와쿠오나비 Kahkewaquonaby 혹은 성스럽게흔들리는깃털 Sacred Waving Feathers) 오지브웨족(1802~1856)

여전히 대단한 평가를 받는 저서 〈오지브웨 인디언의 역사 A History of the Ojbwe Indian〉의 저자. 성공회 목사이자 온타리오 동부 지방의 선교사. 뉴욕, 런던을 비롯한 수많은 도시를 널리 여행했다.

하얀방패 White Shield 아리카라족(남부 샤이엔족) 추장(약 1833~1883)

평화주의자. 그랜트 장군을 만났다. 자기 부족의 땅에 가축을 풀어 풀을 뜯어 먹게 놔두는 백인들의 목장 운영을 반대했다.

헨드리크 왕 King Hendrick (티야노가 Tiyanoga) 모하크족(약 1680~1755)

영국에 가서 앤 여왕을 만난 적이 있다. 그 이후 '킹 헨드리크'라는 별칭이 붙었다. 영국 군대가 북미 대륙에서 프랑스인들을 상대로 벌인 전략을 비판했다. 프랑스인들과 전투를 하다 죽었다.

◎⋇◎

- 카유가, 모하크, 오네이다, 오논다가, 세네카의 다섯 부족은 콜럼버스가 아메리카에 발을 딛기 훨씬 전에 '이로쿼이 연맹'을 만들었다. 나중에 투스카로라족이 가담하여 '6부족 연맹'이 되었다. 5부족 연맹 헌법은 벤저민 프랭클린이 만든 미국 헌법의 모델이 되었다.

- 6부족 연맹의 조약 협상은 18세기 중반에 이루어졌다.

- 수우족을 때로는 다코타족이라고도 불렀다. 그들은 원래 중서부 지방 위쪽에 살았다. 때로 그들을 서로 다른 사투리를 쓰는 세 그룹으로 나누기도 한다. 각 그룹은 몇 개의 부족들로 이루어져 있다.

① 다코타Dakota는 산티 그룹 혹은 동부 그룹이다. 음데와칸톤, 시세톤, 와페톤, 와펜타 등의 부족으로 이루어졌다.
② 나코타Nakota는 중부 그룹이다. 양크턴과 양크토나이 등의 두 부족으로 이루어져 있다.
③ 라코타Lakota는 테톤 그룹 혹은 서부 그룹이다. 오글랄라, 브룰, 훈크파파, 미니콘죠, 상 아르크, 시하사파혹은 검은 발 그리고 투케틀두 주전자 등의 부족으로 이루어져 있다.

- 인디언 젊은이들을 학교에 보내라는 제안을 거절한 일은 1744년에 있었던 일이다. 당시 메릴랜드와 버지니아에서 온 인디언 담당 관리들은 인디언 소년들을 윌리엄메리 대학에 보내라고 제안했다.

켄트 너번

작가이자 교육자이며 조각가이기도 한 켄트 너번은 아메리카 인디언에 관한 문제들과 교육에 깊이 관여하고 있다.

종교학과 예술학 박사이기도 한 그는 몇 년간 미네소타 주 오지브웨 부족과 함께 부족 연장자들의 회고담을 수집하는 일을 주관했고, 그 결과물로 원주민 노인들의 기억을 모은 〈붉은 길을 따라서〉와 〈우리는 기억할 것이다〉라는 두 권의 책을 냈다.

소설가이기도 한 그는 북아메리카 인디언 문화와 백인 문화의 접점을 찾는 글을 꾸준히 써오고 있다. 이런 생각들은 〈잊히지 않는 위엄〉과 〈상처난 무릎 운디드니〉에 잘 나타나 있다. 또한 오클라호마 주 노먼에 있는 '아메리카인디언 연구소'의 자문위원으로 교과과정을 개발하는 데도 참여하고 있으며 '전국인디언교육협회'와 '인디언 교육에 관한 푸른 리본' 위원회 등 다양한 단체에서 활동하고 있다.

그 밖의 저서로는 〈일상의 작은 은총〉 〈작은 유산〉 〈아들에게 주는 편지〉 〈나를 당신의 평화의 도구로 삼으소서〉 등이 있으며 〈인디언의 영혼〉 〈그래도 삶은 계속된다〉 등을 책임 편집했다.

김 성

고려대 영문과를 졸업하고 잡지사 기자, 전문번역가, 출판 기획자로 일했다. 최근에는 '오가닉'을 콘셉트로 한 새로운 트렌드 매거진을 기획 중이며, 갖은 분야의 책을 갖은 언어로 두루 읽으면서 책을 기획하고 번역하는 일에도 많은 시간을 쏟고 있다. 이제껏 그가 꼼꼼히 옮긴 책으로는 〈월든〉 〈내 마음의 북소리〉 〈하루경영〉 〈인생 수첩〉 〈남겨진 사람들〉 〈평화로운 마음이 미소를 부른다〉 등이 있다.